Le BOBTAIL

Conception de la maquette intérieure: Luc Sauvé
Photos: Josée Lambert

Nous remercions Joanne et Bernard Charest, de l'Élevage Bagatelle, de nous avoir permis de photographier leurs bobtails.

DISTRIBUTEURS EXCLUSIFS:

- Pour le Canada et les États-Unis:
  LES MESSAGERIES ADP*
  955, rue Amherst, Montréal H2L 3K4
  Tél.: (514) 523-1182
  Télécopieur: (514) 939-0406
  * Filiale de Sogides ltée

- Pour la Belgique et le Luxembourg:
  PRESSES DE BELGIQUE S.A.
  Boulevard de l'Europe, 117, B-1301 Wavre
  Tél.: (10) 41-59-66
  (10) 41-78-50
  Télécopieur: (10) 41-20-24

- Pour la Suisse:
  TRANSAT S.A.
  Route des Jeunes, 4 Ter, C.P. 125, 1211 Genève 26
  Tél.: (41-22) 342-77-40
  Télécopieur: (41-22) 343-46-46

- Pour la France et les autres pays:
  INTER FORUM
  Immeuble PARYSEINE, 3 Allée de la Seine, 94854 IVRY Cédex
  Tél.: (1) 49-59-11-89/91
  Télécopieur: (1) 49-59-10-72
  Commandes: Tél.: (16) 38-32-71-00
  Télécopieur: (16) 38-32-71-28

MON CHIEN DE COMPAGNIE

collection dirigée par
Dr Joël Dehasse, vétérinaire

Le
BOBTAIL

le jour, éditeur

Données de catalogage avant publication (Canada)

Dehasse, Joël

Le bobtail

(Mon chien de compagnie)
Comprend un index.

1. Bobtail. 2. Chiens — Dressage. I. Titre.
II. Collection: Dehasse, Joël. Mon chien de compagnie.

SF429.04D43 1995 636.7'37 C95-940375-2

Dépôt légal: 2e trimestre 1995
Bibliothèque nationale du Québec

ISBN 2-8904-4552-6

Introduction

Ce livre a été conçu comme un guide pratique. Ainsi, vous pouvez le lire de façon linéaire, soit de la première page à la dernière, parce qu'il présente une continuité, une logique, une construction de la connaissance qui suit le développement du chien. Vous pouvez également vous limiter aux chapitres ou aux définitions qui vous intéressent pour l'instant. La table des matières et l'index vous seront particulièrement utiles pour ce type de lecture.

Vous pouvez donc personnaliser ce guide selon vos goûts et vos besoins. Pour ce, n'hésitez pas à le marquer de votre empreinte, à souligner, à colorer ou à étiqueter tout passage qui vous intéresse particulièrement.

Ce livre fait la part belle au *comportement* de votre bobtail, à sa personnalité, à la manière dont elle peut être façonnée par l'environnement qui a été, qui est, et qui sera donné au chien (et dont vous faites partie intégrante).

Toute l'équipe qui a participé à l'élaboration de ce livre vous souhaite beaucoup de plaisir, tant au cours de la lecture de cet ouvrage qu'en compagnie de votre bobtail.

Le directeur de collection,
Docteur Joël Dehasse, vétérinaire

 À retenir, à mettre en pratique

 À titre informatif

 À éviter

 À conseiller

Origine du chien

Les ancêtres du chien

L'origine de l'espèce «chien» remonte à des millions d'années. Le chien partage un ancêtre commun avec l'ours, le raton laveur et la belette.

Charles Darwin (1809-1882), fondateur de la théorie de l'évolution, pensait que le chien descendait de plusieurs espèces de canidés sauvages, dont le loup, le chacal et le coyote. Konrad Lorenz (1903-1989), un des pères de l'éthologie, science du comportement, suggéra lui aussi que le chien tirait son origine du loup ou du chacal doré.

Aujourd'hui, on ne sait plus vraiment. Loups, chacals, coyotes et chiens peuvent se reproduire entre eux; d'ailleurs leur anatomie se ressemble fortement. Cependant, *c'est avec le loup que le chien possède le plus de points communs,* sur les plans structurel et social. Le zoologiste anglais Chris Thorne suggère que le chien a été domestiqué à partir de diverses variétés de loups, à différents endroits et à différentes périodes. Par exemple, le loup du Moyen-Orient *(Canis lupus arabs)* serait à l'origine des chiens européens; le loup chinois *(Canis lupus chanco)* aurait produit les chiens chinois; le loup américain serait le géniteur probable des chiens esquimaux; enfin le chien de la Nouvelle-Guinée et les chiens pariahs de l'Inde seraient issus du loup indien *(Canis lupus pallipes).* Mais tout cela n'est qu'hypothèses.

Relation homme-chien

Deux vestiges archéologiques se disputent la primauté de la relation homme-chien. En Iraq, à Pelegawra, on a retrouvé dans une caverne les traces d'un habitat humain et les restes d'un chien datant de la fin de l'âge paléolithique, aux environs de 12 000 à 10 000 avant Jésus-Christ. En Israël, les archéologues ont retrouvé un squelette humain dont la main reposait sur le squelette d'un jeune chien. Les vestiges dateraient de la même période.

Ces deux découvertes témoignent que le chien est bien le tout premier animal domestiqué.

D'autres preuves de l'association entre l'homme et le chien ont été découvertes en Idaho (10 400 av. J.-C.), en Angleterre (9500 av. J.-C.), en Anatolie (9000 av. J.-C.), en Russie (9000 av. J.-C.), en Australie (8000 av. J.-C.), en Chine (6500 av. J.-C.), dans le Missouri (5500 av. J.-C.). On retrouve un peu partout dans le monde des restes enterrés de chiens datant de 6500 av. J.-C.

Naissance de l'alliance entre l'homme et le chien

On en est toujours aux conjonctures en ce qui a trait au début de la relation homme-chien. La plupart des chercheurs croient que hommes et chiens vivaient de chasse et se trouvaient, en l'occurrence, sur la piste des mêmes proies. L'adoption de jeunes chiots a permis à ces derniers de s'habituer aux humains au point de préférer leur présence tout en manifestant leurs qualités intrinsèques d'éboueurs, de pisteurs, de chasseurs, de gardiens, voire simplement de couvertures chauffantes.

Avec le passage de l'humanité du nomadisme (chasse et cueillette) à la sédentarisation (culture et élevage), d'autres qualités du chien ont vu le jour.

Quelques mots d'histoire…

On attribue généralement aux Romains tout le mérite de l'élevage canin; ils ont systématisé de façon professionnelle ce qui se faisait avant eux avec le plus pur amateurisme. Les chiens les plus représentés par les artistes de cette époque sont les chiens courants et les chiens d'attaque, de différents types et gabarits, tout simplement parce qu'ils répondaient aux besoins de chasse des personnages en vue, les chefs d'État surtout. Mais on connaissait aussi les chiens d'arrêt, et bien sûr, les chiens de guerre. L'un d'entre eux fut même honoré et représenté sur une fresque commémorant la victoire des Athéniens à Marathon en 490 av. J.-C.

Être chien de chasse n'empêchait pas l'intimité avec le maître, comme de nos jours. La chasse terminée, le chien continuait de partager tous les instants de sa vie, comme simple compagnon. Argos, le chien d'Ulysse, n'a-t-il pas été le premier chien dont l'histoire ait retenu le nom?

> Fidèle Argos, qu'Ulysse découvre sur le fumier de la cour, rongé de vermine, guettant depuis vingt ans le retour de son maître.

Le chien qui assurait la protection des personnes, des biens et des troupeaux (chien de berger et de garde) faisait partie des scènes de la vie courante, et les bergers, chevriers et bouviers de l'époque n'ont pas jugé approprié de les représenter ni d'en parler abondamment. Leur fonction n'était pas moins importante pour autant. Au début, on prenait un chien polyvalent que l'on dressait pour la garde, contre les ours, les loups et les brigands. Ensuite ont été développées des races plus spécifiques, chiens de Molossie, puissants et farouches, dogues, mâtins représentés à Pompéi, et autres chiens commis à la garde des sanctuaires.

Durant l'Antiquité, on a aussi mis au point des races de chiens de compagnie, comme le chien de Malte, dont le seul rôle était d'être à proximité des gens ou de jouer avec les enfants. Certains d'entre eux étaient gâtés au point d'être obèses; c'étaient déjà des chiens-jouets. On leur offrait «des étoffes et des mets de luxe, du parfum pour les pattes, des cajoleries sans fin[...]». Et l'ethnologue français Jean-Pierre Digard rapporte dans son ouvrage *L'homme et les animaux domestiques,* ces mots de Jules César à son retour des Gaules:

«Les femmes romaines n'ont-elles donc plus comme autrefois des enfants à nourrir et à porter dans leurs bras? Je ne vois que des chiens et des singes.»

Enfin, les chiens étaient aussi appelés à jouer dans des spectacles, à faire la démonstration de leurs prouesses et des tours qu'ils avaient appris, comme feindre de mourir d'empoisonnement et revenir à la vie à un signal déterminé.

Malgré l'engouement pour le chien domestique, le chien sans maison, errant, remplissait une fonction essentielle, mais jugée repoussante au point de faire prendre au terme «chien» une valeur d'insulte: c'était le chien éboueur, se nourrissant des ordures et des cadavres laissés sans sépulture.

Pour ne pas trop nous arrêter à cet aspect du chien, reprenons à Liliane Bodson cette citation d'un passage que Cicéron a écrit dans *Nature des dieux:*

«Et chez les chiens: leur loyauté si constante dans la fonction de gardien, leur dévotion si affectueuse envers leurs maîtres, et leur animosité envers les étrangers aussi bien que la prodigieuse finesse de leur flair pour suivre une piste et leur vigoureuse ardeur à la chasse, que signifient ces dispositions? Sinon que les chiens ont été créés pour rendre service à l'humanité.»

Du début du christianisme au Moyen Âge, on associe le chien à la rage, et la rage à la peste. On fait également du chien un partenaire de la magie noire: selon la légende, le diable prend l'aspect du chien noir pour participer aux réunions des sorcières.

C'est Charlemagne qui, au VIIIe siècle, réunit le premier les chiens en meute dans le but de chasser les loups qui ont envahi le royaume. Puis, les seigneurs, prenant de plus en plus plaisir à la compagnie intime des chiens, les laissent entrer dans les églises. Charlemagne l'interdit. Pour marquer leur opposition à ce décret, les seigneurs décident de rester dehors pendant les messes, ce qui oblige les prêtres à garder les portes ouvertes durant les cérémonies et, après celles-ci, à sortir sur le parvis pour bénir seigneurs et chiens. Doit-on y trouver l'origine de la bénédiction des chiens à la Saint-Hubert?

À cette époque, les chiens de compagnie sont toujours présents, miniaturisés, portés dans le giron de ces dames, compagnons de tous les instants, à table comme au lit.

Vers 1727, avec l'invasion massive du rat gris (surmulot ou rat d'égout), le chien ratier prend la place des chats.

À mesure que s'estompe la menace du loup et celle des grands prédateurs, les bergers choisissent des chiens plus petits que les molosses traditionnels, dont descendent nos races molossoïdes actuelles. D'Islande, en passant par l'Angleterre, nous viennent des chiens de berger qui conduisent réellement les troupeaux au lieu de se contenter de les garder.

Ailleurs, dans les régions pastorales d'Asie, le chien massif reste le meilleur auxiliaire du berger, mais on traite ce défenseur du bétail très durement; de fait, on favorise tellement le développement de son agressivité, qu'il faut le tenir à l'écart des habitations.

Certains molosses sont consacrés aux sports, tant chez les Anglais (chiens bull-dogs) que chez les Français, et servent aussi bien pour le divertissement des hommes que pour celui des «grandes dames»; c'est ainsi qu'au début du XVIIIe siècle commencent les combats entre chiens et taureaux, ânes, mulets, sangliers, ours ou loups.

Puis on découvre un autre sport: la chasse au gibier d'eau à laquelle participent des chiens rapporteurs, au pelage laineux: les bardets, ancêtres des caniches. Pour éviter qu'ils ne soient alourdis par l'eau, on tond leur pelage. Et c'est le début du toilettage.

Quant au chien de travail, bâté ou tractant voiture ou traîneau, c'est en Amérique qu'il voit son apogée, en raison de l'absence de chevaux jusqu'en 1680.

Les colons blancs croisent les chiens du Nord avec leurs molosses et leurs bergers, et créent des chiens de garde et de trait puissants.

Au XIXe siècle, avec la venue de l'industrialisation et de l'urbanisation, le chien perd peu à peu son utilité, mais il ne disparaît pas pour autant; son rôle d'animal de compagnie devient très à la mode. Apparaissent alors les centres de toilettage, les expositions et les sociétés cynologiques consacrées à l'étude du chien.

La mode de l'animal de compagnie

En 1830, la reine Victoria, d'Angleterre, devient la protectrice d'un groupe de défense animale, la Société royale pour la prévention de la cruauté contre les animaux. Quelques années plus tard, soit en 1876, on recense une bonne vingtaine de sociétés protectrices des animaux (S.P.A.) aux États-Unis et quelques lois y afférant.

Ces S.P.A. sont même créées avant les organismes visant la protection de l'enfance. En 1874, une fillette qui a été victime de nombreux sévices est défendue avec succès en public sur la base des lois visant la défense des animaux; on prétend à cette occasion que la fillette est un animal. Il faut cette affirmation pour que l'enfant obtienne protection en justice contre son père qui l'a violée.

En Asie, les populations de chiens errants demeurent importantes. Puisque les gens craignent l'animal, ils forment peu d'attachement avec lui, d'autant plus qu'il leur sert souvent de nourriture. En Occident, ce n'est presque plus le cas à cette époque: le chien peut entrer dans les maisons et dormir dans les lits. L'industrialisation ayant passablement diminué la taille des familles, le chien peut s'y faire une place convenable, remplaçant ainsi un membre de la famille et bénéficiant par le fait même d'une hausse de son statut social.

Dans les sociétés de haute technologie, médicalisées, hygiéniques, le chien est donc accepté dans les habitations, mais dans les sociétés plus pauvres, il reste banni du foyer. En fait, pour que l'humain puisse former une relation étroite avec l'animal, il faut qu'il sente que ce dernier ne représente plus une menace pour sa santé.

Plus près de nous, dans les années soixante, de fortes campagnes publicitaires viennent remettre en question cette place de choix laissée aux chiens; elles prêchent qu'il est immoral de s'attacher ainsi aux animaux alors que tant de gens souffrent de pauvreté à travers le monde.

Mais le vent tourne encore une fois dans les années soixante-dix: on se rend compte que l'attachement aux animaux domestiques est un facteur de santé psychologique dans nos sociétés modernes fortement urbanisées. Chiens et chats entrent donc dans les prisons, dans les établissements pour personnes âgées, dans les centres d'hébergement pour handicapés, dans les centres de réadaptation et les hôpitaux.

Aujourd'hui, le chien est considéré comme un facilitateur de la communication et comme un catalyseur de la santé psychique et physique.

De l'usage du chien

La chair du chien a été consommée autant dans l'Europe néolithique qu'en Amérique précolombienne, et elle l'est encore dans certains pays d'Asie. Il n'y a pas si longtemps, on mangeait du chien en Allemagne; la dernière boucherie canine a fermé ses portes à Munich entre les deux guerres mondiales.

Les poils de chien étaient encore filés et tissés dans les Pyrénées au XIXe siècle.

Animal de guerre depuis l'Antiquité, animal de garde et de défense des troupeaux, bête de chasse en tous genres, le chien sert également à tracter des traîneaux ou des carrioles, à faire tourner les broches et les moteurs des rémouleurs. Chien de recherche de disparus, de drogue, de truffes, le voilà converti à guider les aveugles, à entendre pour les sourds, à faire les courses des handicapés moteurs, à aider les déprimés, à responsabiliser les enfants, à aimer et être aimé.

Le chien est essentiellement polyvalent, malgré les spécialisations dont on l'a affublé et qui caractérisent plus l'être humain qui pratique l'activité que le chien qui l'y aide: chiens de garde, de berger, de chasse, de sport, de guerre, chien star de cinéma, chien de laboratoire, chien thérapeute, etc.

Quel que soit son gabarit, quelle que soit sa race, le chien est un chien, c'est-à-dire un carnivore social, chasseur, gardien, capable du pire et du meilleur, suivant la sélection, la socialisation et l'éducation que l'homme lui aura données.

C'est, de tous les animaux, le premier ami de l'homme.

Génétique du tempérament

Elle est bien révolue l'époque où l'on pensait que la peur des coups de feu chez le chien ou celle des coups de bâton était héréditaire; cette hypothèse, émise en 1934 par deux scientifiques, est aujourd'hui considérée caduque par le monde de la science. Il faut aussi faire table rase des préjugés vis-à-vis des races de chien.

Votre bobtail fait partie de ce grand groupe comprenant de multiples races, de nombreuses lignées, d'innombrables familles où chaque individu est un *chien* jusqu'au bout des ongles (ou, disons, jusqu'au bout des griffes).

Le chien est un être polyvalent, capable de toutes les spécialités connues et reconnues dans les dons de l'espèce. Bien entendu, certaines races excellent dans leur catégorie, que ce soit la chasse au «nez», le sport de défense, la guidance des aveugles ou comme chien de manchon, pour ne citer que quelques-unes des spécialités canines.

Mais l'équation «un gène = un comportement» est tout simplement impossible. Un comportement, une émotion, met en jeu des circuits nerveux complexes, plusieurs substances chimiques permettant la transmission des messages nerveux (neurotransmetteurs), c'est-à-dire forcément une multitude de gènes. Et la mutation d'un gène influencera une multitude de comportements.

Ainsi une équipe de chercheurs de l'Arkansas a pu sélectionner une famille de pointers s'immobilisant lorsque l'on faisait résonner un klaxon (inhibition par peur pouvant persister une heure). Outre ce critère, ces chiens évitaient le contact humain; ils dormaient davantage et leur cœur ralentissait son rythme lorsqu'un humain les touchait. Ils présentaient aussi une altération de la chimie de la fonction nerveuse.

Certaines caractéristiques comportementales ont tout de même une base génétique. Les travaux des généticiens américains Scott et Fuller, dans les années quarante et cinquante, ont mis en évidence une variabilité héréditaire du seuil d'activation du jeu de combat, des aboiements, de l'agitation, etc.

Malgré cette mise en évidence, les deux scientifiques insistèrent sur la *grande variabilité génétique dans une même race de chiens, ce qui permettait à cette race de ressembler à une autre en seulement quelques générations.* En d'autres mots, le tempérament de votre bobtail pourrait ressembler à celui de n'importe quel autre chien en quelques années. C'est ce que nous entendons par *polyvalence*. Tout tempérament, tout comportement se trouve à l'état latent dans toute race de chien, et les différences de tempérament entre lignées ou familles de chiens sont parfois plus grandes que les variations entre deux races, même très éloignées.

> Tout comportement, tout tempérament subit l'influence conjuguée de la génétique et de l'environnement.

Le tempérament de votre chien, sa personnalité, est lié à ce cocktail unique. Nous verrons plus en détail l'impact de l'environnement sur le façonnement de la personnalité de votre chien dans les chapitres suivants.

> La relation sociale du chien avec les êtres humains **s'apprend; elle n'est pas innée.** L'amitié pour l'enfant, par exemple, n'est pas héréditaire; donc elle n'est pas le privilège d'une race quelconque. L'attitude du chien envers l'enfant est un processus qui s'apprend pendant une période particulière de la vie du jeune chien.

La littérature populaire abonde de renseignements sur le tempérament de telle race de chien ou de telle autre, sur sa gentillesse ou sa férocité. Dans toute race, même chez les bobtails, certains individus sont inhibés, d'autres agressifs; certains sont affectueux, d'autres distants; certains se montrent courageux, d'autres peureux. Vous en faire comprendre le pourquoi, vous faciliter la sélection d'un chiot idéal, vous permettre de l'élever et de l'éduquer dans les meilleures conditions, sont quelques-uns des objectifs de ce livre.

Histoire, standard, qualifications

Histoire

Bobtail signifie littéralement en anglais «queue écourtée». Dans les nichées de bobtail, on trouve des chiots avec des longueurs de queue variables, de taille normale, ou sans queue. Cette dernière particularité se retrouve dans une race de chats également nommée bobtail. Les différentes longueurs de queue sont éliminées par la caudotomie (section de la queue) à la naissance, mais cette pratique a été interdite dans certains pays.

«Coupez la queue du Bearded Collie, et vous aurez un bobtail», écrivait Rawdon Lee en 1893. Cette phrase est rapportée par Nora Snijers dans le magazine *Wouf* de mars 1993. Lee croyait que le bobtail était une race plus ancienne que le colley, chien plus populaire en Angleterre à la fin du XIXe siècle.

Le bobtail porte différents noms. Old English Sheepdog, ou ancien chien de berger anglais, est son nom anglais actuel. Selon Nora Snijers, il a porté le nom de berger de Smithfield, berger des Cotswolds, bobtail du Sussex, chien de conducteur ou Drover's Dog. Ces noms donnent des indications sur ses origines (le Sussex) et sur ses capacités professionnelles: le bobtail conduisait les troupeaux de moutons des zones de pâturage aux marchés aux bestiaux des grands centres urbains, parcourant des centaines de kilomètres.

Nous trouvons de nombreuses races similaires à travers l'Europe et même au-delà: le briard et le berger des Pyrénées français, le berger bergamasque italien, le Komondor et le Puli hongrois (Puli signifie «conducteur»), le berger de Valée polonais, l'Ovtcharka russe, le Gos d'Atura espagnol, le Cao da Serra de Aires portugais, le bouvier belge, le Schapendoes hollandais et le terrier tibétain.

La question de l'origine du bobtail est aussi celle de l'origine de tous les chiens à poil long et dru, recouvrant le corps, la face et les yeux. Le Komondor est, semble-t-il, connu en Hongrie depuis plus de mille ans. Les chiens de berger descendent en général de chiens puissants, puisqu'ils devaient protéger les troupeaux contre les prédateurs, loups, ours et humains aux intentions malhonnêtes. Ces chiens étaient capables de résister à toutes les intempéries. Pourtant ils n'avaient pas la toison abondante de nos bobtails actuels et ils étaient tondus en même temps que les moutons. Un bobtail fournissait à lui seul plus de deux kilos de laine par an. Cette laine était utilisée pendant la Première Guerre mondiale pour confectionner de chauds vêtements. Le bobtail a fort évolué en aspect et en personnalité. Pour Rawdon Lee, en 1893 le bobtail était un petit chien, mais on pouvait confondre certains individus avec de grands Yorkshire ou des Skye Terriers. Une des premières représentations du bobtail figure sur un portrait peint en 1771 par Gainsborough et confirme sa petite taille à l'époque. Certains auteurs pensent qu'on lui a infusé du sang de Deerhound, de berger des Pyrénées et de briard, d'Owtchar russe et de Puli hongrois.

Le premier club de race fut créé en Angleterre en 1888 et le premier Drover's Dog Show eut lieu en 1891.

Le bobtail émigra aussitôt aux États-Unis, où il fut considéré comme «nanny», c'est-à-dire «bonne d'enfant», de par son aspect «nounours». Celui-ci est dû non seulement à son abondance de poils mais aussi à sa démarche chaloupée.

Le Cercle canadien a enregistré ses deux premiers bobtails en 1902 et 1903.

Standard

Standard N° 16 /15.04.1988/ F, Race britannique
Traduction de R. Triquet

Aspect général

Chien fort, qui semble inscriptible dans un carré, très harmonieux de construction, de constitution robuste. Absolument pas haut sur pattes, tout couvert d'un poil abondant. Chien trapu, musclé, solide, dont l'expression est très intelligente. Les formes naturelles ne doivent pas être modifiées artificiellement par l'usage de ciseaux ou de la tondeuse.

Caractéristiques

Doué d'une grande vigueur, présentant une ligne de dessus légèrement inclinée et un corps en forme de poire quand il est vu de dessus. Présente un roulis typique dans sa démarche lorsqu'il va l'amble ou au pas normal. Son aboiement a un timbre qui lui est propre.

Tempérament

Chien docile au caractère égal. Hardi, fidèle et digne de confiance; il n'est aucunement craintif ni agressif s'il n'est pas provoqué.

Tête et crâne

Proportionnés à la taille du chien. Le crâne est volumineux et plutôt de forme carrée. Les régions sus-orbitaires sont bien arquées et le stop est bien marqué. Le museau est fort, carré et tronqué; sa longueur équivaut approximativement à la moitié de la longueur totale de la tête. La truffe est forte et de couleur noire. Les narines sont larges.

Yeux

Bien écartés. Les yeux sont foncés ou vairons. Les deux yeux bleus sont admis. Les yeux clairs sont un défaut. On préférera le pourtour des yeux pigmenté.

Oreilles

Petites et portées à plat sur le côté de la tête.

Mâchoires

Dents solides, grandes et rangées régulièrement. Articulé en ciseaux: les mâchoires sont fortes et offrent un articulé en ciseaux parfait régulier et complet, c'est-à-dire que les incisives supérieures recouvrent les inférieures dans un contact étroit et sont implantées bien d'équerre par rapport aux mâchoires. Les incisives en pinces sont tolérées mais non recherchées.

Cou

De bonne longueur, fort, gracieusement galbé.

Avant-main

Antérieurs parfaitement droits; leur ossature est très forte; ils soutiennent le corps de sorte qu'il n'est pas près de terre. Les coudes sont bien ajustés contre la poitrine. Les omoplates doivent être bien obliques; elles sont plus resserrées au garrot qu'aux pointes des épaules. Les épaules chargées sont un défaut. Le chien étant debout, le garrot est plus bas que le rein.

Corps

Plutôt court et compact: côtes bien cintrées: région sternale bien descendue et ample.

Arrière-main

Le rein est très robuste, large et légèrement arqué. L'arrière est bien enveloppé, rond et musclé. La jambe est longue et bien développée. Le grasset est bien angulé et les jarrets sont bien descendus. Vus de derrière, les jarrets doivent être parfaitement droits et les pieds ne sont tournés ni en dedans, ni en dehors.

Pieds

Petits, ronds et serrés; doigts bien cambrés; coussinets épais et durs. On doit faire l'ablation des ergots.

Queue

Il est d'usage de pratiquer l'amputation complète de la queue.

Allures et mouvement

À la marche, le bobtail roule de l'arrière à la façon d'un ours. Au trot, l'extension est facile et l'impulsion donnée par les postérieurs est puissante, les membres se déplaçant dans des plans parallèles à l'axe du corps. Galop très élastique. Aux allures lentes, certains chiens peuvent avoir tendance à aller l'amble. En action, le chien peut adopter un port de tête naturellement plus bas.

Poil

Abondant, de texture bien rêche; il n'est pas droit mais hirsute et exempt de boucles. Le sous-poil est un feutrage imperméable. La tête et le crâne sont bien couverts de poils. Les oreilles sont modérément garnies. Le cou a une bonne garniture, de même que les membres antérieurs sur tout leur pourtour. Le poil est plus abondant sur l'arrière-main que sur le reste du corps. Il faut attacher plus d'importance à la qualité, à la texture et à l'abondance du poil qu'à la simple longueur.

Couleur

Tout ton de gris, grisonné ou bleu. Le corps et l'arrière-main sont de couleur uniforme avec ou sans petites marques blanches (chaussettes) aux extrémités des membres. Les marques blanches dans les zones unicolores sont à décourager. La tête, le cou, les membres antérieurs et le dessous du ventre doivent être blancs avec ou sans marques. Tout ton de marron est un défaut.

Taille

Minimum pour les mâles: 61 cm;
Minimum pour les femelles: 36 cm.

Le type et l'équilibre des formes sont de la plus grande importance et ne doivent en aucun cas être sacrifiés à la taille seule.

Défauts

Tout écart par rapport à ce qui précède doit être considéré comme un défaut qui sera pénalisé en fonction de sa gravité.

N.B.: Les mâles doivent avoir deux testicules d'apparence normale complètement descendus dans le scrotum.

Commentaires sur le standard

Il nous faut insister sur plusieurs caractéristiques du bobtail. La première est que le rein est plus haut que le garrot, ce qui est une des particularités des mammifères sauteurs. La seconde est que le bobtail partage avec le husky de Sibérie la particularité des yeux vairons, c'est-à-dire un œil brun et l'autre bleu.

Enfin l'abondance de poils nécessite un entretien considérable. Il faut absolument habituer les chiots à une séance quotidienne de brossage. Elle ne doit pas être longue, cinq minutes suffisent. Une fois par semaine, on consacrera un temps plus long à démêler le poil. Sinon, la tonte s'avérera indispensable. Mais pour un chien d'exposition, elle est impensable. Pour les autres, on peut enlever une partie du sous-poil avec un peigne à débourrer. La longueur de la toison n'est vraiment obtenue que vers l'âge de deux ans. Et si le chiot naît noir et blanc, c'est avec le temps que les marques noires s'éclairciront.

Que faire de tous les poils qui couvrent les yeux? L'avis des éleveurs est variable. Ils trouvent cela esthétique. Mais quel est l'avis du chien lui-même? Les études comportementales démontrent que le chien préfère avoir un maximum d'informations visuelles; la communication, le langage passe par des signaux parfois subtils, qu'il faut déchiffrer pour une entente cordiale. Dès qu'il y a le moindre problème comportemental d'intégration sociale et de communication, je demande que l'on dégage les yeux pour permettre au chien de voir correctement.

Croissance et évolution

Âge de la puberté: 9 à 12 mois.

Âge de l'état adulte: 12 à 15 mois.

Âge idéal pour la reproduction: 14 mois (mâle), les troisièmes chaleurs (œstrus) pour la femelle.

Poids moyen à la naissance: 350 à 650 g.

Nombre moyen de chiots par nichée: 6 à 8, extrême de 12.

Durée de vie moyenne: 10 ans. Extrême: 14 à 16 ans.

Qualifications, travail

Le bobtail est un chien sain qui demande à s'amuser, à travailler, à courir et à sauter. Il n'a du nounours que l'aspect débonnaire, car il a un besoin intense de «faire quelque chose». Et je crois que ce serait une erreur de le laisser inactif. Le bobtail a le potentiel de tous les chiens de berger, c'est-à-dire une grande polyvalence, lui permettant de tout apprendre, du rassemblement du troupeau ou de la famille à la garde de la maison contre les indésirables, en passant par la course à pied et tous les sports d'agilité.

Comme tous les chiens à poil long et à face couverte, l'expression du bobtail peut être indéchiffrable à qui ne le connaît pas. C'est par de subtils mouvements de la face, des oreilles ou de la queue que le chien communique visuellement. Le bobtail présente un handicap certain de ce côté. Il faudra donc apprendre à le comprendre, à percevoir les moindre tensions corporelles, signes d'inquiétude ou d'irritation, et aiguiser ses oreilles à sa communication vocale, car le moindre grognement doit être pris en considération.

Étapes de développement du comportement

La croissance de votre bobtail est un processus continu. Pour faciliter sa description, nous l'avons divisée en étapes.

La première étape consiste en l'établissement d'un système *neurovégétatif* fonctionnel. Ce système contrôle l'ensemble des fonctions corporelles, sans l'intervention de la conscience et de la volonté.

La deuxième étape est l'élaboration du système *émotionnel* et *affectif*, de l'attachement à l'espèce «chien» et à l'espèce «homme», ainsi qu'à d'autres espèces, telles que les chats et les lapins.

La troisième étape est l'édification d'un système d'intégration des connaissances et d'interprétation des informations venant de l'environnement. On parle du système cognitif ou d'«intelligence».

Nous voyons grandir nos chiens sans toujours connaître ce qui se passe en eux. Or ce mûrissement interne est la clé de bien des connaissances sur le développement de la personnalité de votre bobtail.

Imaginez le nouveau-né, incapable d'assurer sa survie, de maintenir sa température interne, de se déplacer sinon en rampant, incapable même d'éliminer ses excrétions sans le secours de l'aide maternelle. Pourquoi? Parce que son développement nerveux est incomplet, parce que les nerfs n'arrivent pas à conduire l'impulsion électrique, sauf ceux qui sont responsables des réflexes de survie, soit la tétée, l'orientation de la face vers les tétines maternelles, l'orientation de la tête et du corps vers le haut et vers le moindre contact.

Une horloge interne guide la maturation du système nerveux, des glandes, de tout l'organisme. Les cellules nerveuses envoient des prolongements les unes vers les autres, se touchent, forment des points d'accrochage que l'on appelle *synapses*. Ces synapses passent de quelques centaines à plus de 10 000 vers 6 ou 7 semaines de vie. C'est un âge important. Le cerveau a désormais acquis la majeure partie de ses compétences électriques adultes.

Mais rien n'est encore joué. Ces dizaines de milliers de synapses sont en surnombre. Nombre d'entre elles disparaîtront. Comment déterminer les synapses survivantes et les synapses condamnées? Par l'action sélective de l'environnement. La vie ou la mort des synapses se joue pendant une période cruciale de la vie du jeune chiot.

Par exemple, si le chiot vit dans un milieu obscur entre l'âge de 3 et 7 semaines, il devient aveugle. Les synapses des centres nerveux de la vue se sont atrophiées, au point de disparaître. La partie du cerveau qui reçoit les images est morte parce qu'elle n'a pas reçu d'information, de stimulation. Les synapses n'ont pas fonctionné. Elles ont été éliminées, parce qu'elles ne servaient à rien. L'organisme n'aime pas l'inutile. Il l'élimine.

Dans la nature ou en compagnie de l'homme, le chiot n'est jamais dans l'obscurité entre 3 et 7 semaines. Les cellules visuelles du cerveau sont stimulées, les synapses sont conservées et développent des réseaux puissants. Le bobtail, une fois adulte, voit parfaitement.

À partir de cet exemple, nous pouvons tirer quelques leçons importantes.

Le développement est guidé par:

1. une planification interne qui, grâce à une horloge biologique, règle la vitesse de croissance, sous la dépendance de la génétique, de l'hérédité;
2. le niveau et la variété des stimulations de l'environnement, du milieu de vie, qui façonnent le cerveau.

L'environnement met son *empreinte* sur le développement du cerveau autant, voire plus, que l'hérédité. Il est très important de comprendre cette notion de base.

Imaginez un chiot vivant sa croissance dans un milieu triste, sans couleur, sans musique, sans bruit, sans caresse, sans autre chien. Que deviendrait-il? Son cerveau serait atrophié; et même si son corps avait pu se développer adéquatement, le chien aurait une personnalité débilitée, des relations sociales tristes ou inexistantes, bref ce serait un chien «autiste». Qui voudrait vivre avec un animal inhibé et craintif?

Imaginez maintenant un chiot se développant dans un milieu riche en sonorités, en mouvements, en contact permanent avec des enfants, des adultes, des chats, libre d'accéder au jardin autant qu'à l'intérieur de la maison. Que deviendrait ce chien? Il serait vibrant de vie, à la recherche du contact, sociable et intelligent, parce que son cerveau serait hypertrophié.

La différence entre un «super chien» et un chien débilité peut provenir tout simplement d'une différence de stimulation de son milieu de développement. *Cette double contrainte de la génétique et de l'environnement permet à chaque bobtail d'être unique au monde.*

Sous cette double contrainte hérédité/environnement se développent tant le physique que la personnalité d'un chiot. En quelque sorte, l'«ordinateur» est constitué. Mais, il faudra encore y introduire des «données» qui lui permettront de développer ses compétences, son intelligence et sa mémoire; ce sera le rôle de l'éducation.

De 0 à 3 semaines: le développement neurovégétatif

Il est assez incroyable de constater qu'un chiot au stade fœtal, au milieu de la gestation, est déjà sensible au toucher. Le chiot n'est pas né qu'il est déjà façonné par l'environnement!

Toucher une chienne enceinte, la caresser, permet de transmettre des informations tactiles aux chiots. Ces derniers apprennent ainsi à tolérer le contact physique. Les chiots nés d'une chienne caressée sont plus dociles, moins craintifs que ceux d'une chienne stressée. Ils développent plus aisément un attachement à leur mère; puis aux humains.

Le *contact* et l'*attachement* sont deux nécessités des espèces sociales, tant l'*homme* que le *chien*. L'un et l'autre recherchent le contact social de l'être aimé, celui que l'on appelle l'*être d'attachement*. Au moindre stress, le contact de l'être aimé apaise, détend, dé-stresse. L'homme enlace ou embrasse; le chien colle son corps, tend son museau vers la figure du maître aimé.

Est-il étonnant d'observer tant de personnes seules prendre leur bobtail dans leurs bras, l'enlacer et s'apaiser de cette simple façon?

Ce besoin de contact est à l'origine de la merveilleuse relation entre l'homme et le chien. Il faut que le bobtail, s'il doit jouer le rôle de compagnon de la famille, supporte le contact corporel, accepte la caresse et ne se dérobe pas à l'enlacement.

Un chiot né d'une mère délaissée et dont on ne s'occuperait pas, que l'on ne toucherait pas, serait un très mauvais candidat. Au contraire, un chiot né d'une mère caressée, et lui-même manipulé en douceur dans son jeune âge, recherchera contact et caresse avec le maître aimé. On sait que ces stimulations tactiles, avant et après la naissance, sont partiellement responsables du bon développement du système neurovégétatif, notamment du système parasympathique, ce qui facilite tant la relaxation, la digestion que l'attachement émotionnel et la socialisation.

Le développement neurovégétatif commence vers la moitié de la gestation et se termine vers l'âge de 7 semaines.

Première semaine

Le chiot nouveau-né est immature, aveugle et sourd: les paupières sont fermées; l'oreille est petite, mignonne, rabattue et le canal auriculaire est obturé. Le répertoire moteur et comportemental est très limité: quelques mouvements pendulaires de la tête, quelques reptations en rond jusqu'à l'obtention d'un contact, orientation vers ce contact (généralement la mère), recherche des tétines maternelles, reconnues à l'odeur, tétée et pétrissage de la mamelle.

Malgré ce manque de maturation, le chiot correctement stimulé (en lui entourant le museau de la main) peut avancer quasiment d'une quarantaine de mètres. Au moindre contact corporel, les muscles frémissent. C'est ainsi que par léchage, la maman bobtail stimule la digestion, la respiration et l'évacuation des excréments.

Deuxième semaine

Durant la deuxième semaine, les yeux et les oreilles s'ouvrent progressivement. L'iris de l'œil est d'un bleu violet. Les chiots clignent des paupières si la lumière est trop forte. Le premier témoignage de l'apparition de l'audition se déroule durant le sommeil: le chiot sursaute en cas de bruit soudain et violent.

Un nid de chiot pépie comme un nid d'oiseau. Il y a toujours un petit audacieux qui s'aventure hors du nid, s'égare, puis hurle son désespoir jusqu'à l'arrivée réconfortante de la mère; celle-ci saisit entre ses incisives la peau du cou de son rejeton et le ramène au nid.

Troisième semaine

Le maître mot de cette semaine est «révolution». La vue et l'audition s'affinent. Les réflexes du nouveau-né disparaissent et celui-ci s'aventure désormais à la force de ses membres là où sa curiosité le mène. Marche en avant, ébauches de saut, marche en arrière avec les premiers retraits en face d'un stimulus déconcertant. La curiosité du chiot prend cependant le dessus sur toute crainte.

La voix change, s'intensifie encore, et au répertoire des cris et des pleurs s'ajoute le premier grognement. Les dents de lait font leur apparition. La bouche reste l'organe le plus sensible, donc le principal atout pour la découverte des frères et sœurs et des premiers jouets. Regardez les chiots s'explorer d'un bouche à bouche maladroit!

Les chiots prennent petit à petit contrôle de leur vessie et de leur intestin et se mettent à éliminer spontanément. Rapidement, et pour autant que cela leur soit possible, ils escaladent les parois du nid pour se soulager en dehors, afin de maintenir une propreté relative dans les lieux de couchage. C'est un signe de la maturité progressive du système neurovégétatif. Un autre signe est l'acquisition d'un contrôle de la température interne, qui se stabilise aux alentours de 38,5 °C. Le thermostat (situé dans le cerveau) fonctionne enfin.

Et puisque les chiots voient et entendent, se déplacent et explorent, ils peuvent enfin entrer dans une nouvelle étape de leur apprentissage, la découverte sociale, le développement émotionnel et affectif.

Éloïse et Bernadette (chiots de 3 mois) (photo du haut).
Casino (champion) et Éloïse (chiot de 3 mois).

Éloïse (chiot de 3 mois).

De 3 à 14 semaines: le développement émotionnel et affectif

Entre l'âge de 3 et 14 semaines environ se déroule une période fondamentale pour le développement de la personnalité de votre bobtail. À 3 semaines, le chiot sort de l'âge du nourrisson pour entrer dans la première enfance. Il apprend qui est l'«autre», donc aussi qui est «soi», avec qui il peut entretenir de l'amitié, et qui peut être mangé ou qui doit être craint. Le chiot est sevré du lait maternel et connaît alors ses premiers aliments «extérieurs». Plus tard, il subit l'autorité maternelle et amorce son éloignement, processus indispensable pour le *détachement* mère-chiot, pour l'acquisition de l'autonomie et l'entrée dans la vie de la meute ou de la famille comme un être à part entière.

Voyons maintenant plus en détail les principaux éléments du développement émotionnel et affectif du chien.

Identification à l'espèce

Aussi incroyable que cela puisse paraître, à sa naissance, votre bobtail ne sait pas qu'il est un chien. Quelle importance cela a-t-il? Eh bien! pour qu'une espèce survive, il faut que les géniteurs se rencontrent. Et pour cela, il est nécessaire qu'ils se reconnaissent, c'est-à-dire qu'ils sachent qu'ils font partie de la même espèce. Si votre bobtail se prenait pour un chat, il courtiserait les chats et il serait dès lors «perdu» pour l'espèce.

Comment votre bobtail apprend-il qu'il fait partie de l'espèce canine? Par *jeux de combat* avec d'autres chiens lorsqu'il a entre 3 et 7 semaines (pour certains chiots cette notion est acquise à 7 semaines; pour d'autres les jeux doivent se prolonger jusqu'à l'âge de 17 semaines). Si le chiot n'a pas eu de contact avec d'autres chiens dans sa prime enfance, il peut découvrir son identité de chien jusqu'à l'âge de 16 ou 17 semaines, dans certaines conditions.

Les jeux de combat s'atténuent vers 11 à 15 semaines, c'est-à-dire qu'ils deviennent plus contrôlés, et se chargent de plus de sérieux que de jeu. À ce moment les chiots inconnus sont étudiés et attaqués; s'ils ne répondent pas adéquatement (s'ils fuient, par exemple), ils sont rejetés du groupe.

Apprentissage de la morsure inhibée

Des morsures au cou, à la face et aux oreilles surviennent au cours des jeux de combat. Ces morsures, infligées par des dents de lait pointues comme des aiguilles, sont douloureuses. Le chiot mordu crie. Ensuite, il inverse la situation à son avantage et mord à son tour. Ces morsures réciproques, accompagnées de cris de douleur, permettent à chacun des chiots de contrôler l'intensité de sa morsure et d'apprendre à l'inhiber. Cette inhibition du mordant s'acquiert avant l'éruption des dents adultes et avant l'entrée dans la hiérarchie des adultes, c'est-à-dire avant l'âge de 4 mois environ. Le jeu de combat disparaît alors pour faire place au monde sérieux des conflits hiérarchiques.

Comme la peau humaine est plus sensible et moins résistante que celle du chien, il convient donc que votre bobtail apprenne à contrôler encore plus ses morsures. Comment faire? Quand vous êtes mordu, vous devez pousser un cri, puis pincer le chiot au niveau de la peau du cou ou des oreilles, jusqu'à ce qu'il crie. Il est encore plus efficace de mordre le chiot mais la plupart des gens y rechignent. Si vous ne respectez pas ces consignes, votre bobtail, une fois adulte, pourrait causer des accidents par morsure non contrôlée.

Chiots et autres espèces

Habituellement le chiot ne vit pas qu'avec des chiens; il est entouré de sa mère et de la nichée, mais aussi des gens qui le soignent. Parfois des chats peuplent le milieu d'élevage, à moins que ce ne soient des volailles ou des animaux de ferme. Cela ne pose pas de problème. Le chiot s'identifie à ce qui ressemble le plus à sa propre espèce, c'est-à-dire, par exemple, aux chiens de préférence aux chats, aux chats de préférence aux humains, aux humains de préférence aux oiseaux.

Deux tests permettent de déterminer la bonne identification d'un chiot à son espèce:

- le *test du miroir*: en face du miroir le chiot bien identifié tente de jouer avec son image; le chiot mal identifié est indifférent;
- le *test de l'isolement*: un chiot isolé dans une place inconnue crie de détresse; il se calme en présence de l'espèce d'identification. Toutefois, ce test n'est pas déterminant, car le chiot se calme aussi, mais moins vite, avec les espèces «amies».

Pourquoi se préoccuper de ces questions sur l'identification à l'espèce? Le chiot ne vit-il pas avec sa mère, ne joue-t-il pas avec ses frères et sœurs de nichée? Oui, dans les meilleures circonstances. Mais la question se pose parfois, par exemple dans le cas des chiots *orphelins* ou dans celui d'une *acquisition précoce*.

Chiot orphelin

Le chiot orphelin élevé par une personne sans aucun contact avec un autre chien développera une identité pseudo-humaine. Il ne tentera pas de jouer avec son image dans le miroir et «flirtera» avec les gens au moment des périodes de reproduction. S'il est adopté par une chatte, il deviendra un pseudo-chat et tentera de se reproduire avec des chats une fois adulte.

Le chiot orphelin prendra une identité de chien pour autant qu'on lui donne la possibilité de pratiquer des jeux de combat avec d'autres chiens. Ces premiers contacts doivent se faire impérativement avant l'âge de 12 à 14 semaines. Si le chiot a été préparé à répondre à des jeux de combat mimés par un éducateur, il peut être réintroduit et accepté dans un groupe de chiots âgés de 16 semaines.

Chiot adopté très jeune

En cas d'acquisition précoce, c'est-à-dire vers l'âge de 3 à 6 semaines, le chiot n'a pas encore acquis définitivement son identité d'espèce. Il peut alors s'identifier partiellement à l'espèce d'adoption, souvent l'espèce humaine.

Il n'est pas idéal d'acquérir un chiot avant l'âge de 7 semaines. C'est toutefois acceptable lorsqu'on dispose à la maison d'un chien ou de préférence d'une chienne prête à adopter le chiot nouveau venu et à lui inculquer les rudiments de l'éducation canine.

> L'identification à l'espèce est un apprentissage rapide, aisé, persistant, entraînant une reconnaissance de l'espèce sociale privilégiée et du partenaire sexuel.

Socialisation à l'homme et aux autres animaux

Nulle part dans son code génétique ne se trouve inscrit que votre bobtail est programmé pour vivre avec les êtres humains, pour être gentil avec eux, notamment avec les enfants. Pourtant, 12 000 ans de vie commune témoignent que cela s'avère possible. Vivre avec l'homme, dans sa maison (*domus* en latin), c'est la *domestication*.

Cette capacité d'avoir des relations sociales et amicales avec les gens s'apprend.

Toutefois, la socialisation dépend de la *curiosité* du chiot. Habituellement, lorsqu'il est mis pour la première fois en présence d'une personne assise et immobile, le chiot âgé entre 3 et 5 semaines va droit vers elle; à 7 semaines, il lui faut 20 minutes pour s'en approcher, à 9 semaines,

30 minutes. À 14 semaines, le chiot ne se dirige plus spontanément vers la personne, il en a *peur*.

De fait, entre 9 et 14 semaines, la peur des gens s'accroît considérablement. À 12 semaines, si on force le chiot au contact, si on le nourrit à la main, si on mime des jeux de combat, on peut «récupérer» un certain niveau de socialisation en quelques jours. Mais ne nous leurrons pas, le chiot pourra s'habituer à un ou deux éducateurs, mais ne sera pas sociable avec l'espèce humaine en général, et il préférera toujours la compagnie des chiens à celle des humains (pour autant qu'il ait été élevé avec des chiens!).

La première rencontre d'un chiot avec les humains doit se faire impérativement avant sa douzième semaine d'existence.

Combien de temps faut-il pour que le chiot bobtail devienne apprivoisé? Personne ne peut, à ce jour, répondre à cette question. Quelques minutes par jour? Quelques heures par semaine? Ce que l'on peut affirmer, c'est que plus on passe de temps avec le chiot, plus il est habitué à la présence des humains!

Généralisation

Mais pour votre chiot bobtail, *tous les humains sont-ils égaux*?

Non! *Un homme, une femme, un enfant, un nourrisson ne sont pas considérés de la même façon* par le chiot en voie de domestication.

Le chiot doit s'habituer à chacun de ces *types* humains. Chaque être humain possède des caractéristiques spécifiques, par exemple, sa taille, sa couleur, sa voix. Pour un chiot, les différences entre une femme et un bébé sont colossales. Le chiot en phase de domestication les considère comme des «espèces» différentes. On peut espérer une généralisation d'un type à l'autre.

La *généralisation* est le processus par lequel l'apprentissage est transféré ou étendu à des stimuli proches. Par exemple, un chiot socialisé à des femmes peut généraliser cette socialisation progressivement à des adolescentes, puis à des adolescents, puis à des hommes jeunes, etc. Toutefois, ce processus dépend de chaque chien, de chaque lignée, de chaque race. Nous manquons actuellement de données sur l'héritabilité des capacités de socialisation à l'homme.

Socialisation

La domestication est un apprentissage aisé, permettant une socialisation à certains types humains. Mais socialisation ne veut pas dire sociabilité.

La *socialisation* est la capacité d'interagir avec un autre individu. Elle met en place les mécanismes de la communication. La *sociabilité* est la recherche des contacts sociaux avec des individus. Un chien socialisé aux humains les reconnaît et vit sans trop de difficultés dans la société humaine. Un chien non socialisé présente une phobie de certains types humains. Un chien sociable recherchera avec assiduité le contact des gens. Un chien non sociable restera distant, acceptant peu le contact ou la présence des gens.

Pour que le chiot bobtail devienne sociable, il faut aussi *entretenir* la socialisation par des contacts répétés avec des gens de différents types. Si cela ne se fait pas, il y a *désocialisation,* c'est-à-dire perte des capacités sociales. Il est donc idéal que le chiot entre en contact tant avec des hommes et des femmes qu'avec des enfants d'âges variés (nourrissons, enfants et adolescents).

Tout ce que nous avons écrit sur la domestication est aussi valable pour la socialisation aux *espèces étrangères*. Voulez-vous que votre bobtail tisse des liens d'amitié avec des *chats,* des *lapins,* des *canards*? Cet apprentissage est aisé et se déroule entre l'âge de 3 et 10 à 14 semaines; il ne se généralise pas à toute l'espèce mais se limite aux types d'animaux rencontrés (chat blanc, lapin noir) sans toucher les autres types (chat noir, lapin gris). *L'amitié entre un chien et un chat est donc possible* et même aisée, pour autant que l'attachement social se fasse dans le tout jeune âge!

La socialisation empêche le comportement de prédation.

Le chien ne chasse pas et ne mange pas l'animal avec lequel il a tissé des liens sociaux (amitié).

Régulation émotionnelle

Tout le monde a pu observer des chiens s'effrayant sans raison valable au passage d'une voiture, d'une motocyclette, d'une personne en fauteuil roulant. Certaines de ces phobies ont eu leur origine dans le jeune âge. Ces chiens phobiques ne sont pas capables de contrôler leurs émotions; ils n'ont pas appris la régulation émotionnelle.

L'*émotion* est une réaction complexe de l'organisme, s'accompagnant d'une stimulation nerveuse, humorale, hormonale et de comportements spécifiques. Par exemple, la peur s'accompagne d'une production d'adrénaline, d'une accélération du rythme cardiaque et de la respiration, d'une activation du tonus musculaire et d'un comportement de fuite ou d'agression.

Il est nécessaire au chien de contrôler ses émotions sinon il sera soumis à des variations insupportables d'humeur et de comportement. Une stabilité minimale s'impose. Cette stabilité émotionnelle est indubitablement liée à des facteurs d'environnement qui s'impriment durant le jeune âge. Certaines influences ont lieu déjà pendant la gestation.

D'autres commencent à l'âge de 3 semaines et se terminent entre 10 et 14 semaines.

En fait, la domestication et la socialisation aux autres espèces animales ne sont rien d'autre qu'une régulation émotionnelle face à des individus vivants. Les principes qui règlent la socialisation dirigent également la stabilisation émotionnelle par la connaissance de l'environnement, par l'établissement d'un niveau de tolérance aux stimuli, d'un seuil de référence pour lequel il n'est pas nécessaire d'engendrer une émotion.

La règle générale pour l'établissement d'un bon niveau de tolérance émotionnelle est la suivante: *le chiot doit rencontrer avant l'âge de 10 à 14 semaines tous les stimuli qu'il rencontrera dans le milieu de vie adulte.*

Stimuli

Les sons, les odeurs, l'agitation sont tous des stimuli auxquels le chien doit s'habituer. Prenons l'exemple des sons. Ils peuvent être caractérisés notamment par leur fréquence mesurée en hertz (Hz) (son grave ou aigu) et leur intensité, mesurée en décibels (dB). Une conversation ordinaire varie entre 20 et 40 dB; les bruits de voiture en ville varient de 60 à 100 dB; le son d'un avion au décollage monte à plus de 120 dB. Le milieu de vie du chien de compagnie adulte est la ville, dans la majorité des cas. C'est un milieu chargé de sons variés qui atteignent aisément plus de 100 dB et qui représentent toute la gamme des fréquences depuis les bruits aigus et stridents des cris d'enfants et des freins des automobiles jusqu'aux sourds martèlements des marteaux-piqueurs. Le milieu de développement des chiots est bien souvent très éloigné de cette variété de bruits urbains: de nombreux chiots se développent dans un milieu calme, à la campagne, dans les périphéries urbaines boisées, exceptionnellement en appartement, et cela jusqu'au moment de l'acquisition.

Que se passe-t-il lorsque le chiot n'a pas établi un seuil de tolérance émotionnel adéquat?

En présence d'un stimulus qui dépasse légèrement son niveau de tolérance émotionnel, le chien manifeste des réactions de *crainte:* on note une légère activation cardiaque et respiratoire, un éloignement par rapport au stimulus, puis une exploration progressive. Une autre réaction possible est l'attaque du stimulus pour le faire fuir. Si le stimulus dépasse largement le niveau de tolérance, le chien exprime de la peur: forte activation cardiaque et respiratoire, parfois vomissement et diarrhée, vidange de la vessie et des glandes anales, accompagnant des réactions comportementales de fuite, d'immobilisation ou d'agression par *peur.*

Le niveau de tolérance s'adapte aux stimulations du milieu de développement, par exemple 50 dB dans un milieu calme. Dans ce cas, le *moment de l'acquisition* du chiot sera donc prépondérant.

Acquis après l'âge de 14 semaines et déplacé d'un milieu calme à un milieu bruyant, le chiot sera inondé d'un excès de bruit et manifestera des réactions de peur panique, qui engendreront plus tard des phobies.

Par contre, si le chiot est acquis à l'âge de 7 semaines et immédiatement mis au contact du milieu urbain, il pourra apprendre et ajuster son niveau de tolérance aux environs de 100 dB; il ne manifestera pas de phobies urbaines.

Il y a bien entendu un autre moyen d'éviter ces phobies: il suffit de fournir au chiot un milieu de développement enrichi en décibels. Plusieurs techniques sont possibles: une installation radiophonique peut s'avérer suffisante; des jouets bruyants sont également intéressants.

Ce qui est vrai pour le taux de dB l'est également pour tous les autres stimuli. Imaginez un chien sur une place publique, un jour de marché: agitation, bruit, senteurs, foule… Quel sera le niveau de tolérance du chiot face à ces stimuli pris séparément? Quelle sera sa réaction face à ces stimuli pris globalement? Nous conseillons à tous les éleveurs d'enrichir de stimuli le milieu de développement des chiots, afin que ces derniers acquièrent une bonne tolérance émotionnelle et qu'ils aient un développement cérébral adéquat. Nous conseillons aussi aux gens d'adopter un chiot bobtail vers l'âge de 7 ou 8 semaines et de l'exposer immédiatement au milieu extérieur dans lequel il devra vivre à l'âge adulte.

Le milieu de développement peut être classé suivant le critère de l'enrichissement ou de l'appauvrissement (ou privation) en stimulations. Un chiot qui a grandi en milieu de privation et est exposé ultérieurement à un milieu enrichi manifeste souvent des phobies, de l'anxiété ou même de la dépression. Cette inadaptation, qui présente plusieurs stades de gravité, est appelée «syndrome de privation». Des médicaments et des thérapies sont mis au point afin de guérir ces troubles.

Vaccination

Sortir le chiot directement dans le milieu extérieur, milieu contaminé de germes, pose évidemment la question essentielle des vaccinations. Les premiers vaccins sont généralement administrés aux chiots entre l'âge de 6 et 8 semaines. Un ou deux rappels seront nécessaires à un mois d'intervalle. Chaque vétérinaire met au point son propre protocole de vaccination, en fonction du type de vaccin utilisé, des risques infectieux, etc. *La vaccination est efficace et permet de sortir le chiot directement, ou après quelques jours d'attente.*

Garder le chiot calfeutré dans une maison de peur de l'exposer aux risques d'infection du milieu extérieur est une douce illusion. En effet, les propriétaires entrent et sortent, amenant au chiot tous les germes présents dans le milieu extérieur. Le chiot n'est à l'abri des infections mortelles qu'une fois correctement vacciné.

Le chiot doit sortir dès l'âge de 7 ou 8 semaines, protégé par un vaccin, afin d'acquérir un bon niveau de tolérance émotionnelle face à la richesse des stimulations de l'environnement.

Premiers conditionnements

Le *conditionnement* est une association entre, d'une part, un acte ou une activité physiologique et, d'autre part, un stimulus quelconque.

Le conditionnement est à la base de nombreux procédés éducatifs, mais aussi de processus spontanés et de problèmes comportementaux liés à des préférences acquises. C'est le physiologiste russe Pavlov qui, au début des années 1900, a mis en évidence les mécanismes du conditionnement. Il a remarqué que les chiens du laboratoire, qui attendaient pour manger, se mettaient à saliver à l'audition d'une sonnerie qui précédait de peu leur repas. Pavlov a découpé le mécanisme de la façon suivante:

- ❑ présentation du repas ➔ salivation
- ❑ repas + sonnerie ➔ salivation
- ❑ sonnerie ➔ salivation

La sonnerie était un indice qui permettait aux chiens de prévoir que le repas allait être distribué. Cet indice engendrait sans même que les chiens en soient «conscients» toutes les réactions physiologiques préparatoires à la digestion du repas, entre autres la salivation.

En laboratoire, il est maintenant tout à fait possible de conditionner des animaux à des régimes alimentaires déterminés, comme de faire d'un bobtail carnivore un végétarien. Pour cela, il suffit de ne lui présenter que des aliments végétariens (complétés d'acides aminés et d'acide gras adéquats) pendant la fameuse période de socialisation et de régulation émotionnelle qui se déroule entre la troisième et la quatorzième semaine environ de l'existence du chiot.

Pour éviter ces préférences acquises, il suffit de présenter au chiot des aliments variés tant sur le plan de l'aspect (humide, sec), que sur celui du goût.

Éliminations et excrétions

À la naissance, les éliminations urinaires et fécales sont déclenchées par léchage maternel. Elles sont réflexes. Vers 2 ou 3 semaines, elles deviennent spontanées. Dès la troisième semaine, le chiot sort du nid pour éliminer, ce qui a pour but de garder le nid propre.

Dès 8 semaines, les lieux d'élimination sont devenus spécifiques et préférentiels, à distance des lieux de couchage et d'alimentation. Cette préférence va se confirmer dans les semaines suivantes; à 15 semaines, elle est quasiment définitive.

Le comportement d'élimination est précédé d'une déambulation le nez au sol à la recherche des odeurs des éliminations précédentes; la découverte des odeurs active le réflexe d'élimination. Il s'agit d'un véritable conditionnement. En effet, vers 8 semaines, le chiot associe les lieux et les surfaces avec le comportement excrétoire: désormais la vue ou l'odeur de ces endroits de toilette déclenchent le besoin d'éliminer.

Le chiot élimine toutes les heures pendant la journée et toutes les 3 ou 4 heures durant la nuit. S'il ne dispose pas de beaucoup d'espace et ne peut retrouver un lieu d'élimination adéquat, il tentera de contrôler ses sphincters et de se «retenir».

C'est donc déjà chez l'éleveur que s'acquiert la préférence pour le substrat, c'est-à-dire la substance sur laquelle il désire éliminer, et le lieu d'élimination. Lors d'une acquisition à l'âge de 7 ou 8 semaines, c'est chez l'acquéreur que ces choix se confirmeront.

Comment apprendre à respecter la maison

1. Déterminez un ou plusieurs lieux d'élimination adéquats, à distance (un mètre au minimum) des lieux de couchage et d'alimentation; la «toilette» du chiot doit être aisément accessible.
2. Choisissez un substrat convenable et absorbant; pourquoi pas un grand bac à litière (comme on le fait pour les chats, mais adapté à la taille du chiot)?
3. Limitez l'espace disponible pour le chiot laissé sans surveillance; l'espace disponible sera le lieu de couchage, le lieu d'alimentation et la «toilette».
4. Quand le chiot est sous votre œil vigilant, observez-le pour découvrir son comportement de recherche du lieu de toilette et, au moindre signe suspect, emportez-y le chiot. Récompensez-le après qu'il y ait éliminé.
5. Si le chiot élimine dans un lieu inconvenant, stoppez l'élimination en portant le chiot et en le conduisant à sa «toilette».
6. Dès l'âge de 8 semaines, et malgré l'utilisation d'une «toilette» à la maison, le chiot doit apprendre à utiliser les caniveaux, la terre ou l'herbe des jardins. Cet apprentissage doit être effectué avant l'âge de 15 semaines.

La technique est simple et efficace. Vous pouvez l'utiliser autant en appartement que dans une maison avec jardin. Elle permet d'éviter les drames de la malpropreté, source d'insatisfactions et de rejet du chiot.

Fréquence des besoins

Combien de fois faut-il sortir le chiot pour qu'il puisse faire ses besoins?

La capacité de rétention du chiot en journée ne dépasse pas une heure à l'âge de 8 semaines. Par conséquent, vous devez sortir le chiot au réveil, après les jeux, après les repas et quand il se met à rechercher son coin de toilette en reniflant incessamment par terre.

Garder le chiot dans sa chambre active-t-il l'apprentissage de la propreté?

La nuit, le chiot est capable de «se retenir» deux ou trois heures. Pour activer son apprentissage de la propreté, nous vous conseillons de garder le chiot dans votre chambre. Cela vous permet, d'une part, de limiter l'espace qui lui est disponible et, d'autre part, de l'entendre gémir la nuit lorsque lui vient le besoin d'excréter ou d'uriner, ce qui nécessite de vous lever et de le conduire à sa «toilette».

Utilisation du papier journal

Que se passe-t-il si on fournit au chiot du papier journal?

Ce type de papier est peu absorbant; il laisse filtrer des odeurs et des salissures sur le sol, qui s'en imprègne. Le chiot se conditionne au lieu de «toilette» et chaque fois qu'il y passe, l'odeur active le réflexe d'excrétion. Une fois passé l'âge de 15 semaines et malgré l'enlèvement des journaux et les tentatives d'apprentissage pour le faire éliminer dehors, le chiot se «retient» tant que possible, malgré des heures de promenade, pour se «soulager» à la maison. Les propriétaires ont tout simplement conditionné le chien, bien involontairement, à utiliser une «toilette» dans la maison. Et le chien s'y tient.

❏

Entre la troisième et la quatorzième semaine de vie, on note une métamorphose du comportement. Le chiot établit qu'il appartient à l'espèce canine et qu'il peut créer des liens d'attachement avec les humains et d'autres animaux. Il acquiert un niveau de tolérance au bruit et aux autres stimulations de l'environnement. L'enrichissement du milieu de développement induit une augmentation des synapses actives du cerveau et accroît ses capacités d'intelligence. Il apprend à contrôler sa morsure et à éliminer dans des lieux où il convient de le faire.

Les deux premiers mois d'existence constituent une période fondamentale pour le chiot. Si son développement n'est pas adéquat durant ces quelques semaines, il manifestera plus tard des phobies, de l'anxiété et des problèmes de malpropreté chronique.

De 2 mois à la puberté: détachement, hiérarchisation et instruction

L'acquisition d'un chiot se fait souvent aux environs de sa huitième semaine de vie. Durant cette période essentielle, le chiot doit s'installer dans la famille et la société humaine. Cette installation peut se faire de façon harmonieuse, mais elle peut aussi être catastrophique. Pendant cette période prépubertaire, le chiot doit:

- ❑ se détacher de sa mère;
- ❑ s'attacher à ses nouveaux propriétaires;
- ❑ entrer dans la hiérarchie;
- ❑ subir les premières instructions et apprendre à obéir à des ordres élémentaires.

Avant 4 mois

Élaboration des rituels et entrée dans la hiérarchie des jeunes

Détachement de la mère

Le détachement entre la chienne bobtail et son chiot se déroule en plusieurs étapes. Le chiot nouveau-né dépend exclusivement de sa mère pour se chauffer, se nourrir et éliminer. Dès qu'il est âgé de 3 semaines, l'éruption des dents de lait rend la tétée douloureuse.

À 5 semaines et demie, la tétée devient tout simplement insupportable et la douleur engendre un comportement d'agression de la mère face à ses chiots.

La chienne grogne, claque des dents à quelques centimètres de la face des chiots qui désirent téter. Le chiot tente d'apaiser sa mère et utilise une position qui active chez elle le réflexe de soins: il se couche sur le dos, présente son ventre et émet un petit filet d'urine. La mère répond par un léchage, un don de soins. Même si cette agression est normalement tout à fait contrôlée, il arrive parfois qu'un chiot se fasse pincer (et déchirer) les oreilles.

Ce nouveau mode de communication est un rituel d'apaisement et de soumission. *Un rituel est un comportement qui est dévié de sa fonction primaire pour devenir un moyen de communication.* Cette position, couché sur le dos, sera donc utilisée plus largement dans l'avenir pour apaiser l'agressivité d'un chien dominant et lui témoigner sa faiblesse et sa soumission. Ce rituel est enseigné par la mère, premier adulte à imposer son autorité.

Le sevrage alimentaire s'accompagne d'une hiérarchisation, d'un respect de l'autorité parentale et d'un apaisement dans l'approche du congénère adulte. Au même âge, soit à 5 semaines et demie ou à 6 semaines, les chiots apprennent à partager la nourriture.

Nourriture et hiérarchisation

Dans un élevage, on donne aux chiots des aliments spéciaux aisément assimilables, d'origine commerciale ou cuisinés maison, à base de bouillies de viande, de légumes et de céréales. Lorsqu'on leur fournit de la viande, les chiots se disputent, grognent, s'arrachent les morceaux, et courent l'un derrière l'autre. La mère les laisse faire. Elle autorise ses rejetons à venir se servir dans son plat, et cela jusqu'à ce qu'ils aient environ de 10 à 16 semaines.

Dans la nature, la mère mâche de la viande, la déglutit puis la régurgite à ses chiots. Ces derniers présentent un comportement particulier: ils se dressent sur leurs pattes arrière, tendent une patte antérieure, et mordillent avec délicatesse le coin des babines maternelles. À ce signe, la mère fait un effort de régurgitation. Dès qu'elle ouvre la gueule, le chiot y engouffre la sienne pour se saisir de l'aliment.

Lorsque le chiot est âgé de 10 à 16 semaines, la nourriture régurgitée se fait rare, mais il continue à mordiller les babines de sa mère et celles des autres adultes. Ce comportement lui permet de s'emparer de parcelles de nourriture des dominants, et de s'échapper pour les manger à l'écart. Les chiots se disputent ces quelques morceaux; le plus dominant l'emporte. Ainsi s'établit une hiérarchie entre chiots, hiérarchie séparée de celle des adultes. Cette hiérarchisation débute dès l'âge de 5 semaines, et peut se poursuivre jusqu'à l'âge de 1 an.

Pourquoi hiérarchiser l'accès à l'aliment? Parce que, dans un groupe social, il serait inutile de perdre ses forces à se quereller sans cesse. Le dominant a tous les droits; le soumis n'a qu'à aller chercher pitance ailleurs.

- À 5 semaines, un chiot sur quatre est hiérarchisé.
- À 11 semaines, un chiot sur deux est hiérarchisé.
- À 15 semaines, trois chiots sur quatre sont hiérarchisés.

Dans le groupe des jeunes, apparaît alors un nouveau rituel en présence des adultes. Le jeune bobtail se fait tout petit, élève une patte antérieure, tend le museau vers un adulte dominant et lui mordille le coin des lèvres. Indépendamment de la nourriture, ce rituel prend une valeur d'apaisement pour atténuer l'irritation d'un dominant.

Ce rituel de contact des lèvres existe aussi chez les humains. Dans certaines peuplades, la mère nourrit son bébé bouche à bouche. Chez nous, le baiser amoureux en est dérivé. Le baiser entre hommes et chiens est une autre variante ritualisée.

Acquisitions par l'accès à la nourriture

Avant 4 mois, le chiot a acquis, par l'accès à la nourriture:

- le rituel de soumission sur le dos;
- le rituel d'apaisement par élévation de la patte et mordillement des lèvres;
- une place dans la hiérarchie des jeunes;
- une reconnaissance de l'autorité de la mère;
- une reconnaissance de l'autorité des adultes;
- un début de détachement affectif face à la mère;
- un attachement social aux autres jeunes du groupe.

Comment, en tant que propriétaire d'un bobtail, pouvez-vous respecter ces contraintes et enseigner au chiot tous ces comportements indispensables au bon fonctionnement de la famille-meute?

Comme le chiot considère les humains autant comme des parents adoptifs que comme des frères et des sœurs (collatéraux), il vous suffira de reproduire le comportement:

- de la chienne;
- des autres chiens adultes;
- des autres chiots.

Si le chiot n'a pas acquis les rituels de soumission et d'apaisement, il faudra les lui enseigner. Il conviendra aussi de ne pas le laisser exprimer des velléités de dominance et d'agressivité.

Rituel de soumission

Si le chiot ne l'adopte pas spontanément, vous devez le forcer au coucher, le basculer sur le flanc, le maintenir dans cette position en «grognant» comme le ferait un chien adulte, ou en lui tenant à pleine main la peau de la nuque et en le plaquant au sol, tout en disant «non» s'il se débat. Ce rituel permet la reconnaissance de l'autorité des adultes.

Rituel d'apaisement

Il est quasiment présent dans tous les cas, dans le «donner la patte» du chien; le chien, assis, présente une patte antérieure; interprétez ce geste comme une «demande» et récompensez-le d'un biscuit. C'est un des tout premiers apprentissages, très aisé à acquérir.

Hiérarchisation entre collatéraux

Elle s'acquiert par conflits pour une nourriture appétissante (os à moelle). Le dominant l'emporte. Si le chiot grogne et veut mordre, ce qui est normal, ne lui cédez pas; emportez l'os (quitte à le lui rendre plus tard, après l'apaisement), et punissez l'agression du chiot en lui disant «non» et en lui faisant adopter la position de soumission. Il est important que le maître gagne ce conflit.

Début du détachement entre parent adoptif (propriétaire) et chiot

Imitez la chienne: elle s'éloigne activement de ses chiots, ne leur permettant pas de coller sans arrêt à ses basques, ce qui active leur autonomie. Si ce processus n'est pas respecté, le chiot développera de l'hyperattachement et une intolérance à la solitude.

De 4 mois à la puberté

Accès à la nourriture

Le chiot a appris à respecter les adultes, à utiliser des rituels de soumission et d'apaisement pour obtenir de la nourriture ou des contacts sociaux. À 4 mois au plus tard, il doit faire la *file d'attente pour l'accès au repas*. L'ordre de préséance au repas est bien établi: les dominants mangent les premiers, lentement, à la vue de tous, et se servent des morceaux de choix. C'est leur privilège. Une fois leur repas terminé, les suivants dans la hiérarchie ont l'autorisation d'accéder aux restes, et ainsi de suite jusqu'au petit dernier.

Ce schéma simpliste est bien sûr compliqué des rituels d'apaisement qui permettent à un chiot ou à un chien soumis de s'emparer d'un morceau avec l'autorisation du dominant.

Et dans la maison?
Les propriétaires, parents adoptifs, doivent respecter l'organisation sociale et le processus de hiérarchisation, sous peine de reconnaître implicitement que le chiot est le maître de la maisonnée. Les propriétaires mangeront, comme le font les dominants, à leur heure et rythme habituels. Le chiot mangera par la suite, après les avoir regardés, et sans avoir eu accès à leur repas. Il est tout à fait déconseillé de donner au chiot, qui va en émettre la demande, des aliments alors que l'on se trouve à table.

Récompenser la mendicité du chiot est une pratique courante qui ne fait qu'accroître la demande en fréquence et en intensité. Si l'on reconnaît le droit au chiot de se servir quand il le désire, en lui fournissant le repas en approvisionnement continu, on établit de la même façon sa situation de dominance.

Le chiot sera nourri après ses propriétaires, ou à des moments totalement différents; il ne recevra rien à table lors des repas, ni au moment de la collation; son repas lui sera fourni pendant un temps limité (un quart d'heure sera amplement suffisant) et s'il reste quelque chose, la gamelle sera enlevée et mise de côté jusqu'au repas suivant.

Cette hiérarchisation alimentaire n'est qu'un signe de la montée des conflits de génération qui vont culminer à l'adolescence. En fait, c'est toute l'autorité des maîtres que le chiot tente de remettre en question. Cette phase deviendra plus calme lorsque les propriétaires suivront des cours d'éducation ou de dressage, lorsque le chiot aura environ 5 mois.

Si l'apprentissage des rituels de soumission et d'apaisement s'est fait adéquatement, ainsi que la reconnaissance de l'autorité parentale et de la hiérarchisation alimentaire, et si on entreprend l'instruction du chien dès son plus jeune âge, cette phase de montée de l'agressivité passera inaperçue.

Puberté

La puberté est un moment critique. C'est une métamorphose en profondeur. La production des hormones provoque des changements corporels et des modifications de comportement. Le plus visible est le «lever de patte» chez le chien mâle.

> *Le lever de patte* est un rituel complexe qui associe une communication chimique (marque odorifère, phéromone) et une communication visuelle (lever de patte et exposition génitale). La marque sera renouvelée. Elle a une valeur de carte d'identité et donne des informations autant sur le niveau hiérarchique que sur la réceptivité sexuelle. Le comportement est effectué particulièrement par des dominants en présence de challengers de la même famille-meute ou d'étrangers (de la même espèce) au groupe.

Le lever de patte signe l'activité des hormones mâles. Le chiot urine en s'accroupissant: à la puberté, il reste en position debout et lève une patte postérieure, timidement d'abord, puis de plus en plus franchement. En même temps, il recherche un support sur lequel uriner: une touffe d'herbe, un poteau vertical, un meuble éventuellement.

Il est faux de croire que seuls les mâles lèvent la patte. Les femelles le font aussi bien souvent, particulièrement lors des «chaleurs».

Chez la chienne, c'est l'apparition des pertes de sang, des «chaleurs» (*œstrus* ou période de réceptivité sexuelle) qui signe le déclenchement pubertaire et l'entrée dans le monde de la fertilité et de la reproduction.

Mais cela n'est que la partie émergée de l'iceberg. La puberté s'accompagne de la production de phéromones spécifiques tant chez le mâle que chez la femelle.

Une *phéromone* est une hormone qui est émise dans le milieu extérieur (avec la transpiration, les urines) et qui induit une réaction comportementale et hormonale chez l'individu qui la perçoit.

Dans la meute, seuls les dominants ont le droit de se reproduire. C'est un de leurs privilèges. La production de phéromones par les jeunes adolescents leur signalera la présence de nouveaux challengers dans le groupe, voulant, eux aussi, avoir accès à la sexualité. Les dominants tenteront de les en empêcher, mais les adolescents ne se laisseront pas faire.

Marginalisation des adolescents

Le couple dominant refoule les adolescents en marge du territoire du groupe, les empêchant de dormir avec eux, arrêtant de leur donner des soins, exigeant des rituels d'apaisement et de soumission, et les agressant à la moindre tentative de flirt. L'adolescent subit une réduction de ses désirs sexuels (une forme de castration psychique), il est écarté des zones sociales de valeur, des aires de couchage des dominants et ne reçoit les attentions amicales qu'après avoir exprimé sa soumission.

Les *zones sociales de valeur* sont les espaces élevés, les lieux où le passage est contrôlé et les lieux de couchage (où les dominants déposent involontairement leurs phéromones en dormant). Ce sont les aires investies par les dominants. Y avoir accès rime avec statut élevé dans la hiérarchie.

Communication par occupation de l'espace-temps

La présence d'un individu dans un espace déterminé ou un accès prioritaire à un aliment ou à des contacts sociaux revêt une importante valeur dans la communication du groupe. Ce que nous, humains, percevons comme un acte d'amitié (prendre son chien dans son fauteuil, par exemple) le bobtail le perçoit comme un rapport d'autorité. Pour se comprendre, parlons chien!

Marginalisation et détachement

Le chien adolescent qui subit une marginalisation est privé du contact permanent avec les dominants, notamment avec sa mère. Il s'en détache et acquiert enfin son autonomie. En absence de détachement se développe un excès d'attachement (hyperattachement), qui rend le chien incapable de supporter la solitude (anxiété de séparation).

Agression compétitive hiérarchique

Cette agression est composée de trois périodes, mais peut se limiter à la première:

1. Grognement de *menace*;
2. *Morsure*: si le chien se perçoit comme dominant affirmé, la morsure sera de type pincement avec maintien des menaces. Si le chien s'estime en position de challenger, il tiendra la prise jusqu'à ce que l'adversaire se soumette, ou il accompagnera la morsure de mouvements de corps ou de fauchage par les pattes pour que l'adversaire tombe;
3. *Apaisement*: le vainqueur se met à côté du vaincu et lui pose la patte sur le garrot, ou lui lèche la plaie de morsure.

L'agression stoppe avec la soumission du vaincu.

menace	➔	pincement	➔	apaisement	=	dominant
menace	➔	morsure forte	➔	apaisement	=	challenger

L'agression hiérarchique se manifeste au moment d'un conflit:

❏ pour l'acquisition d'un aliment;
❏ pour la maîtrise de l'espace;
❏ pour la maîtrise de l'accès au sexe opposé,

et cela aussi bien entre chiens qu'entre chiens et humains.

Comment devez-vous vous comporter en tant que propriétaire?

Vous ne percevez sans doute pas, ou très mal, les phéromones émises par votre chien adolescent. De plus, vous n'avez aucune connaissance instinctive du comportement à prendre. Par contre, le chien perçoit très bien les phéromones que vous émettez et y réagit en conséquence. La logique voudrait que, en tant que propriétaire, vous vous comportiez à l'égal des dominants. Mais le chien n'est plus cet animal sauvage que nos ancêtres lointains fréquentaient. Il a été domestiqué, son aspect a été transformé, il a été rendu plus infantile dans ses caractéristiques physiques et déclenche dès lors un comportement parental chez les gens. Bien des propriétaires ont de la difficulté à interdire à leur chien de se coucher auprès d'eux, de choisir comme lieu de sommeil la chambre (le lit) du maître, ou le corridor, ou l'endroit du salon qui contrôle les passages, ou même de flirter avec le conjoint.

Et pourtant, vous devez:

❏ interdire l'accès de la chambre, des fauteuils, des lieux de contrôle de passage;
❏ interdire le flirt avec votre conjoint, les tentatives de chevauchement sur les personnes, toute manifestation sexuelle face à vous;
❏ sévir en cas de manifestation agressive, jusqu'à soumission du chien.

De plus, la poussée des hormones mâles influence l'appétit. Le chien mâle mange moins bien, saute des repas, reste quelques jours en se contentant de grignoter. Certains propriétaires s'inquiètent à juste titre, observent leur chien, excitent l'appétit en changeant de nourriture, le nourrissent à la main. Ils ne se rendent pas compte qu'ils se laissent entraîner dans un jeu hiérarchique important dans lequel ils sont les perdants.

Si vous ne respectez pas ces conseils, votre bobtail pourrait manifester de l'agressivité hiérarchique et avec le temps, parfois seulement en quelques mois, il pourrait devenir dangereux, la morsure étant devenue son moyen de communication privilégié avec vous.

Cette phase de hiérarchisation de la puberté peut se reproduire quelques mois après que votre chien a atteint l'âge adulte. À ce moment, c'est toute la puissance d'un chien adulte que votre bobtail investit dans un conflit physique, et il devient plus difficile de contrôler la situation.

Intégration sociale

La puberté engendre d'autres phénomènes. En même temps que l'installation du chien dans la hiérarchie de la famille-meute, il y a intégration à un groupe social et donc rejet éventuel des autres groupes sociaux. Chez tous les canidés, sauvages ou domestiques, du renard au loup, en passant par le coyote et le chacal, une *méfiance envers les étrangers* s'installe invariablement durant une certaine période. On constate que le chien perd alors ses capacités de socialisation; il régresse et risque désormais de perdre les contacts sociaux qu'il avait acquis avant l'âge de 3 mois.

Désocialisation de la puberté

Puisque, aux environs de la puberté, le jeune bobtail risque de perdre les aptitudes sociales acquises antérieurement, il convient donc, une nouvelle fois, de l'enrichir de contacts positifs et d'éviter toute relation négative qui pourrait provoquer peur ou phobie.

Sensibilisation pubertaire

La désocialisation est liée en fait à une sensibilisation générale: le chien est sensible à tout événement négatif, que ce soit une relation traumatisante avec une personne, ou une aventure désagréable avec un bruit ou un stimulus urbain. Il en résulte des peurs et des phobies.

La *sensibilisation* est le processus par lequel un stimulus devient progressivement de plus en plus insupportable ou intolérable pour un individu. C'est le contraire de l'habituation, qui rend les stimuli de plus en plus indistincts au point que l'individu n'y réagit plus, voire ne les perçoit plus.

Agression territoriale

Si le chien établit des contacts sociaux dans un groupe et qu'il se désocialise des individus qui appartiennent à d'autres groupes, il est assez logique qu'il se mette à défendre son clan contre les étrangers. C'est le processus qui est à la base de ce que je nomme la «territorialisation».

Intimidation
Aboiements
Grognements → Grattage du sol
Marquage
urinaire → Charge de l'intrus → Reconduction de
l'intrus en dehors
du périmètre

La séquence d'agression est inaugurée par une phase d'intimidation. Chez les chiens mâles, il y a grattage du sol et marquage urinaire. Ensuite vient une charge sur l'intrus, qui est reconduit hors du périmètre défendu. Cette forme d'agressivité évolue rapidement en se limitant à la charge menaçante. Elle conduit aisément à des morsures.

Désocialisation, sensibilisation et défense territoriale sont combinées. Elles se passent au même moment. Ce sont trois versions du même processus: l'édification d'une base de données dans la mémoire et la comparaison de nouveautés avec les acquis. C'est un processus d'intégration des informations appelé *processus cognitif.*

Est cognitif le processus qui permet d'acquérir des connaissances et d'interpréter des informations en provenance de l'environnement.

Si le processus cognitif est correct, le chien se développe normalement. Parfois des ratés apparaissent et le chien présente des troubles de l'interprétation d'une situation: il juge telle personne amicale et joue avec elle; il estime telle autre personne antipathique ou dangereuse et l'agresse sans raison évidente ou l'évite.

Agression territoriale contre l'agent des postes

Le facteur s'approche de la maison, le chien aboie. Le facteur dépose du courrier, le chien aboie de plus en plus. Le facteur s'éloigne, le chien se calme. En fait, l'agression du chien est récompensée, puisque la menace et la charge ont pour but de reconduire le facteur hors du périmètre défendu, ce qui est bien le cas. L'agression va donc augmenter en intensité et en fréquence. Si le facteur est face au chien et qu'il franchit l'interdit, le chien mordra. La morsure est efficace (récompensée) à coup sûr puisque le facteur s'éloigne toujours; par conséquent, elle sera accrue en intensité et en fréquence.

Comment réduire l'agression territoriale

La punition est efficace, mais il faut que le maître du chien soit présent lors de l'agression pour l'administrer. Alors que se passe-t-il en son absence? Le chien aboie de plus belle!

La seule façon de réduire efficacement une agression territoriale excessive est de *resocialiser* le chien aux personnes qu'il agresse, en associant la visite de ces personnes avec une situation agréable, telle l'administration d'une gratification sous forme de nourriture appétissante.

❏

Entre l'âge de 2 mois et la puberté se déroule une des périodes les plus importantes de la vie du jeune chien. C'est également le moment des vaccinations, donc de visites répétées chez le vétérinaire. Profitez-en pour lui demander toute l'information dont vous avez besoin au sujet du développement physique et comportemental de votre bobtail. La moindre déviation, le moindre trouble dans la communication entre vous et votre chien peuvent avoir d'importantes répercussions dans l'avenir.

Également durant cette période, le chiot est instruit par sa mère (rituels), puis, il est choisi et adopté par de nouveaux propriétaires; il est ensuite hiérarchisé, puis marginalisé, comme il le serait dans une meute de chiens. Le chiot subit un premier cycle d'instructions pour une bonne insertion dans le monde des hommes.

Adoption: choix, insertion, instruction

Si vous comprenez bien les étapes de développement du chiot et que vous les respectez, vous n'aurez guère de problème pour l'insérer dans votre groupe familial. L'insertion est une étape de l'adoption, située entre le choix d'un chiot et son éducation. Mais commençons par le début.

Choix du chiot

Beaucoup de gens choisissent un chiot sans faire le moindre test, confiant au hasard ou au destin la responsabilité de leur bonheur futur. Le chiot deviendra-t-il un chien équilibré, peureux, agressif, dépressif, nerveux?

Longtemps on a pensé que tous les chiots étaient identiques et que seuls l'éducation et l'amour du maître suffisaient à en faire de merveilleux compagnons. On a culpabilisé quantité de propriétaires de chiens agressifs ou anxieux. À tort! Chaque chiot a sa personnalité propre, qui découle partiellement de sa génétique, mais aussi de l'environnement utérin, des premières relations avec la mère et de l'éducation. S'engager pour 10 à 15 ans de vie commune nécessite de prendre quelques précautions.

Différents tests ont été mis au point pour vous aider à choisir un chiot qui puisse s'intégrer avec harmonie dans votre famille et réaliser le travail que vous attendez de lui, que ce soit en tant que chien de compagnie, chien de garde ou chien d'aide pour handicapés.

Plus le chiot est âgé, plus sa personnalité est affirmée.

N'oubliez pas les étapes critiques suivantes:

- ❑ 6 semaines: identification à l'espèce encore insuffisante;
- ❑ 5-8 semaines: acquisition des rituels de soumission et d'apaisement;
- ❑ 8 semaines: conditionnement aux lieux d'élimination;
- ❑ 12 semaines: fin de la socialisation à l'homme et aux autres animaux;
- ❑ 10-14 semaines: fin de la période de régulation émotionnelle et d'adaptation à l'environnement;
- ❑ 15 semaines: hiérarchisation entre chiots.

Je vous propose de choisir un chiot bobtail vers l'âge de *8 semaines* parce qu'il a normalement acquis une identification à l'espèce ainsi que les rituels de soumission et d'apaisement au contact de sa mère, qu'il a amorcé le travail de hiérarchisation dans ses rapports avec les autres chiots et de détachement par rapport à la mère. Sa personnalité est déjà bien formée et il lui reste de 4 à 6 semaines pour s'adapter au mieux à son nouvel environnement.

Je déconseille de prendre un chiot âgé de moins de 6 semaines. Si le milieu d'élevage enrichit le chiot (socialisation aux gens, habituation aux bruits), un âge supérieur à 8 semaines est tout à fait acceptable. Cependant, il n'est pas conseillé de prendre un chien de plus de 3 mois dans un élevage en milieu calme pour le faire habiter en ville par la suite.

Voici quelques points de repère pour faire un choix éclairé. Ils ne seront peut-être pas tous présents au moment de votre visite chez l'éleveur.

Critères pour le milieu d'élevage

D'abord, il est important d'observer le milieu d'élevage. Les éléments à vérifier sont:

- ❑ la propreté du chenil;
- ❑ l'éloignement du chenil par rapport à l'habitation (l'idéal est que les chiots soient élevés dans la maison, au sein de la famille);
- ❑ le nombre et le sexe des personnes qui s'occupent des chiots (l'idéal est que les chiots soient socialisés au plus grand nombre de «types» de personnes);
- ❑ la délicatesse des manipulations.

La mère

Sa présence au milieu des chiots est intéressante pour l'apprentissage du rituel de soumission.

Comme elle est la première éducatrice, le tempérament des chiots ressemblera au sien.

Le père

Il existe une certaine hérédité du tempérament, et celui du père peut se refléter dans le caractère de ses chiots.

Les deux parents

Chez la mère et le père, on observe la sociabilité, la tolérance à l'approche, au contact et aux caresses et la présence de toute forme d'agressivité.

Ensuite vient, bien entendu, la sélection du chiot lui-même.

Critères pour le chiot

Couleur de la robe? Esthétique?

Sur ce plan, tout est question de goût. À quoi bon sélectionner le chiot parfait s'il ne vous plaît pas? Le coup de cœur est aussi nécessaire! Par contre, si vous désirez le présenter en exposition, l'esthétique sera un des points fondamentaux.

Bagatelle

Casino (champion), toilettage (photo du haut).
Domino (poils rasés, championne).

Casino (champion).

Approche de la nichée

Comment se comporte le chiot?

1. Il est prudent, mais curieux et vient vers vous.
2. Il court vers vous et saute sur vous, mordille vos chaussures (chiot dominant).
3. Il est craintif et reste à distance, s'éloignant à votre approche (risque d'anxiété).
4. Il réagit peu et est inexpressif (risque de dépression).

Ma préférence va au

❑ n° 1 pour un bobtail de compagnie
❑ n° 2 pour un chien sportif avec un maître masculin
❑ n° 3 pour un chien exclusif qui sortira peu et ne s'attachera qu'à quelques personnes
❑ n° 4 pour les personnes âgées.

N'hésitez pas à visiter les chiots plusieurs fois et à noter les modifications de réaction. Si le chiot est fatigué ou s'il est affamé, son comportement peut être modifié.

Test idéal

Le test comportemental idéal pour la sélection d'un chiot nécessite l'accord de l'éleveur. Il s'agit d'emporter (moyennant garantie) le chiot avec vous pendant un ou deux jours pour le tester partout, en ville et à la campagne, en famille et dans la rue, et déterminer s'il se comporte avec franchise et, surtout, s'il est capable d'apprendre, du moins d'apprendre ce que vous attendez de lui. Si vous désirez un chien qui ait du nez, il faut que le chiot montre déjà la tendance à flairer. Si vous désirez un chien avec du mordant, il faut que ce tempérament soit présent à l'âge où vous effectuez le test.

Attachement

L'isolement d'un chiot par rapport au groupe est très révélateur de son attachement à ses frères et sœurs ou à sa mère. De même, voyez si vous pouvez calmer ses cris de détresse; si oui, c'est de bon augure pour qu'il s'attache à vous.

Ordre hiérarchique du groupe de chiots

Vous pouvez tenter de déterminer l'ordre hiérarchique en observant quel chiot attaque l'autre, lequel est toujours attaqué et tente de fuir, lequel emporte le biscuit (ou mieux, l'os) que vous leur donnez (avec l'accord de l'éleveur).

Réaction de peur au bruit!

Testez la réactivité des chiots au bruit en agitant un trousseau de clés ou en claquant des mains. La méfiance suivie de curiosité est la réaction recherchée. Le chiot qui réagit par un sursaut et une fuite, sans retour, est à éviter: il risquerait de rester craintif face aux bruits urbains.

Test sensoriel

- ❑ **Tact, toucher:** *caressez et grattez le chiot.* Il devrait éprouver le plus grand plaisir. Pincez la peau gentiment et regardez les dents; il devrait accepter la manipulation sans cri (attention à l'hypersensibilité à la douleur) et sans agressivité excessive.
- ❑ **Audition:** *agitez votre trousseau de clés, froissez un papier, faites claquer vos doigts:* cela devrait intéresser le chiot. L'absence de réaction doit faire suspecter un problème.
- ❑ **Vue:** *faites rouler une petite balle vivement colorée.* Elle devrait attirer l'attention du chiot.

Test de mordant

Provoquez le chiot avec un chiffon jusqu'à ce qu'il le prenne en bouche et tire.

Réactions possibles

- ❏ Il tire, grogne méchamment, refuse de lâcher (attention au mordant plus tard!);
- ❏ Il tire, grogne, puis se désintéresse du jeu ou accepte que vous repreniez le chiffon (bonne réaction pour un chien de famille);
- ❏ Il renifle ou s'éloigne (bonne réaction pour un compagnon pour le troisième âge).

Répétez ce test si vous en avez l'occasion.

Réaction à la contrainte

Voici un test important et très facile à réaliser. Il suffit de mettre le chiot en *position de soumission,* couché sur le dos, maintenu par la peau de la nuque. Sans rien dire et sans le caresser, vous pouvez «grogner» comme le ferait la chienne-mère.

Réactions possibles

- ❏ Il se tend, se débat, puis accepte la position (chiot normal et équilibré, recommandé pour une famille avec enfants);
- ❏ Il se tend, se débat, mord, et n'accepte pas votre contrainte (attention à un risque de dominance! chiot à réserver à un propriétaire strict);
- ❏ Il se laisse faire sans tension (tendance à se soumettre; chiot recommandé pour des personnes âgées ou qui veulent gâter leur chien);
- ❏ Il se débat, se tortille, mord, hurle, urine, défèque; ses pupilles se dilatent (réaction de peur et d'intolérance à la contrainte; attention: chien anxieux et agressif).

Le chiot devrait vous faire confiance à mesure que vous répétez ce test.

Test de santé

Faites un examen rapide:

- ❑ des yeux (absence de rougeur et d'écoulements);
- ❑ des mâchoires (bonne coaptation des dents);
- ❑ de l'abdomen (pas de hernie à l'ombilic);
- ❑ des organes génitaux (présence des deux testicules).

Le chiot doit être plein de vitalité (sauf s'il vient de se réveiller ou de manger).

Un chiot équilibré devrait être curieux; il devrait également se montrer méfiant mais dépasser sa méfiance pour étudier l'inconnu. Certains chiots, plus téméraires, n'ont peur de rien et agissent avant de réfléchir. D'autres sont craintifs, refusent d'explorer et restent dans leur petit monde limité.

Mâle ou femelle?

Les hommes et les femmes n'ont pas toujours les mêmes moyens de communication, ni entre eux, ni avec les animaux. Les hommes participent plus facilement à une relation hiérarchique (un conflit musclé), les femmes tentent plus d'obtenir une relation intime (avec confidences et contact); ce sont, bien entendu, des stéréotypes fortement exagérés mais qui contiennent quelques éléments de vérité. Vous devez donc choisir votre chien en fonction de votre personnalité et de votre sexe. De fait, on remarque chez le chien à peu près les mêmes tendances que chez l'humain. C'est pourquoi je conseille *a priori* aux femmes et aux hommes d'un tempérament peu bagarreur d'opter de préférence pour une chienne.

Achat du chiot

L'achat d'un chiot est une transaction commerciale qui devrait être accompagnée de tous les documents nécessaires:

- ❑ Une *attestation de vente,* en deux exemplaires, signée par le vendeur et l'acheteur, et mentionnant l'identité des deux parties, l'identité et la date de naissance du bobtail, le prix de la vente, et les garanties. Une garantie contre la maladie de Carré, la parvovirose, et contre le syndrome de privation est un minimum. Ces garanties doivent s'ajouter aux garanties légales contre les vices rédhibitoires: en France, par exemple, la maladie de Carré, la parvovirose, l'hépatite contagieuse, la dysplasie coxo-fémorale, l'ectopie testiculaire, l'atrophie rétinienne, sont déjà soumises à une garantie légale. Au Québec, ces garanties sont à la discrétion de l'éleveur. Demandez à votre vétérinaire un exemple de contrat-type.
- ❑ Le *certificat de naissance* (France) ou l'*enregistrement* de l'American Kennel Club (Amérique du Nord) ou du Canadian Kennel Club (Canada), documents officiels par lesquels le chiot est reconnu comme inscrit provisoirement au livre des origines, et donc issu de parents possédant tous deux un pedigree.
- ❑ Un *carnet de vaccination,* avec les vaccins effectués, signé par un vétérinaire.
- ❑ Un *numéro de tatouage* (celui-ci sera examiné), ou autre procédé d'identification, comme une puce électronique (transpondeur) injectée sous la peau du cou, à gauche.

Insertion du chiot à la maison

Vous avez soigneusement choisi votre chiot, et déterminé l'endroit où il dormira, se nourrira et éliminera. Arrive maintenant l'étape importante de son insertion dans votre maisonnée.

- ❑ Vous avez fait un plan sommaire des surfaces de l'habitation afin de recenser les lieux à valeur sociale et d'y inscrire les surfaces adaptées au chiot.
- ❑ Vous avez prévu quelques heures de temps libre, afin de pouvoir vous consacrer totalement au chiot. C'est important.

Le chiot va explorer son nouvel environnement avec curiosité. Surveillez-le avec grande attention, mais laissez-lui toute liberté. Au moindre signe de désir d'élimination, portez-le au coin toilette que vous avez antérieurement délimité. Après quelques minutes de liberté, donnez-lui à boire et un tout petit quelque chose à manger, et emmenez-le au lieu d'alimentation. Après qu'il se soit rassasié, emmenez-le à nouveau au coin toilette. Il connaîtra ainsi rapidement les lieux signifiants.

Au cours de ses explorations, il découvrira de nombreux objets et voudra les explorer de la bouche. S'il prend un objet interdit, punissez-le d'un «non», d'une tape sur le nez ou d'un pincement du cou ou de l'oreille, puis donnez-lui un objet autorisé.

Dès qu'il montrera des signes de fatigue, emmenez-le dormir à l'endroit que vous aurez déterminé. Attendez qu'il s'endorme puis laissez-le seul jusqu'au réveil spontané. Ne laissez personne déranger son sommeil.

Dès le premier jour, pourtant, il faudra qu'il apprenne à rester seul quelques minutes. Vous aviez déterminé un lieu de surface réduite pour cette occasion. Laissez-le avec ses jouets et un peu d'eau, et partez sans rien dire, sans le caresser, sans manifester votre départ de façon excessive. Il va sans doute tenter de vous suivre. Repoussez-le gentiment et fermez la porte ou partez. Il va se plaindre. Ce n'est pas grave. Revenez près de lui après le temps que vous aviez fixé, par exemple 5 minutes. Si, à ce moment, il gémit ou hurle, faites un bruit de diversion (avec une boîte en métal remplie de billes, un sifflet, des ultrasons, etc.), et ne venez à son contact que quand il est calme et silencieux. Nous ne désirons pas récompenser ses hurlements, n'est-ce pas? Nous désirons lui apprendre à accepter quelques minutes de séparation et récompenser son attente et son calme par la présence apaisante du maître.

Tentez de donner un rythme à sa vie, de fixer des limites précises entre les choses permises et interdites dès le premier jour, dès la première minute. Ne le prenez pas dans le fauteuil si vous ne désirez pas qu'il y aille plus tard. Faites une liste des choses permises et interdites et demandez à tous les membres de la famille de la respecter, ou même de la signer (c'est un contrat).

Le processus d'insertion d'un chien est très simple. Il se complique légèrement quand il y a déjà des animaux à la maison.

Pour illustrer ce processus, nous prendrons l'exemple d'une famille qui inclut déjà un chien ou un chat.

Insertion dans une famille comprenant un chien adulte

La première mise en contact se fera en terrain neutre (dans un parc, le jardin ou la rue). Le chiot adoptera les rituels d'apaisement. S'il ne le fait pas spontanément, on le couchera en position de soumission, afin que l'adulte puisse le flairer à son aise et que la hiérarchisation soit établie d'emblée. Tous les privilèges du chien résident, dominant, seront maintenus: il mangera le premier et sera caressé d'abord; il aura un lieu de couchage à valeur sociale plus élevée (plus près des propriétaires) et sera sorti le premier. Si le chiot est impertinent avec le chien adulte, on laissera ce dernier corriger le jeune, grogner, menacer de mordre, voire mordre (sous contrôle) jusqu'à soumission du chiot. Le propriétaire n'interviendra que si le risque de blessure est important. Il convient de laisser les chiens résoudre tout conflit. L'intervention inopinée du propriétaire empêche la résolution d'un conflit, déstabilise la hiérarchie et renforce la dominance du chiot qui, se sentant associé au propriétaire jugé dominant, se permettrait de narguer le chien adulte.

Si ce dernier s'est déjà montré agressif envers d'autres chiens, notamment des chiots, le propriétaire communiquera avec un vétérinaire comportementaliste, qui lui donnera un programme de rééducation approprié, associé ou non à une médication antiagressive.

Insertion dans une famille comprenant un chat

La meilleure technique est de limiter la motricité du chiot (l'enfermer dans un parc pour enfant, l'attacher à un pied de meuble) et de laisser le chat libre de circuler, de s'habituer à la présence du chiot, sans être incommodé par des attaques ou des demandes de jeu incessantes. Bien sûr, on utilise cette technique quand chien et chat sont ensemble, seuls ou sous la surveillance des propriétaires. Il est parfois nécessaire de les séparer, pour la paix du ménage.

Il serait idéal que le chat ait été socialisé aux chiens et le chiot aux chats. Le mieux, si l'on désire chien et chat, est d'adopter un chaton et un chiot du même âge et de les faire vivre ensemble.

Instruction

Théorie

Même si le bobtail ne parle pas français, et ne le parlera jamais, et qu'il ne comprendra qu'un nombre limité de mots, les principes d'éducation sont très simples. Mais avant de les exposer, parlons *communication*.

Le langage à l'aide de mots, de verbes, de phrases, ce que l'on appelle le *langage verbal,* est une particularité des hommes. Le chien n'en a que faire! Il fera l'effort de comprendre quelques mots, mais pas l'articulation de ces mots en phrases.

Au langage verbal s'ajoute un message fait d'intensité, de fréquence, de sonorité, d'intonations, de reflet des émotions et des intentions. C'est le coverbal.

Au verbal et au coverbal s'ajoute le paraverbal, constitué de mouvements du corps et du visage, de gestes.

Coverbal et paraverbal font partie de la métacommunication, c'est-à-dire la communication sur la communication, l'intention derrière le geste ou le mot.

À la voix s'ajoutent donc la communication visuelle (gestes, postures et mimiques faciales), la communication par l'odeur (phéromones), les rituels et l'occupation de l'espace.

Si le chien n'a que faire du verbal, en revanche il est hypersensible à la métacommunication. Dites à votre chien que vous l'aimez d'une voix furieuse et il ne saisira que votre colère. Faire un «rappel» lorsqu'on est en colère engendrera chez le chien de la peur et il restera à distance. Malheureusement bien des propriétaires interprètent cela comme une désobéissance et deviennent encore plus fâchés.

Principes éducatifs

Premier principe: *le lien d'amitié et d'autorité avec le chien*; il faut «parler chien» et respecter les contraintes énumérées aux pages 33 à 61.

Deuxième principe: *le conditionnement*; il suffit d'associer un comportement avec un mot, toujours le même mot, pour que celui-ci devienne significatif.

Troisième principe: *la récompense*; tout comportement suivi d'une récompense se produira plus souvent et avec plus d'intensité. Une récompense est une gratification qui sort de l'ordinaire: une caresse ne suffit pas. Un morceau de fromage, du saucisson, même du chocolat (en toute petite quantité) peuvent s'avérer très efficaces si le chien apprécie cette gratification.

Donner une récompense systématiquement à chaque obéissance permet d'enseigner au chien un comportement. Administrée de façon intermittente, une fois sur deux, une fois sur quatre ou au hasard, la récompense permet de mémoriser l'ordre appris.

Quatrième principe: *la punition*; attention! c'est une technique éducative qui présente des règles précises. La punition est une stimulation désagréable; le chien, qui ne désire pas la subir une nouvelle fois, reproduit le comportement puni moins souvent ou moins fort. Pour être efficace, la punition imitera le plus possible les comportements punitifs des chiens entre eux.

Voici les règles à suivre:

- ❏ Punir pendant l'acte délictueux (quelques secondes après l'acte, c'est trop tard).
- ❏ Punir sans colère (la colère engendre peur ou irritabilité).
- ❏ Punir sans dire un mot, sauf «non».
- ❏ Punir physiquement: les chiens se mordent le cou et les oreilles; cette technique est très efficace, mais pas toujours pratique pour les propriétaires. Vous pouvez toutefois empoigner le chien par la peau du cou et le forcer à se coucher ou à se retourner en position de soumission.

Peut-on frapper un chien?

Une claque retentissante est parfois bien salutaire. Mais encore faut-il qu'elle ne ressemble pas à une caresse, sinon elle récompense. Il faut donc l'adapter à l'âge, au gabarit et à la personnalité du chien. En revanche, frapper un chien d'un bâton, d'un journal, n'est guère utile. Punir ne sert pas à se défouler, ni à se libérer de sa colère, ni même à faire mal dans l'intention de faire mal. Punir est un geste éducatif et doit être approprié. Une claque sur le museau, retentissante mais peu douloureuse, sera efficace parce que surprenante, immédiate et désagréable.

Peut-on punir un chien de la main?

Les chiens se lèchent et se mordent avec la même gueule. Dès lors, vous pouvez sans crainte caresser et corriger de la même main. Le chien le comprendra très bien.

Exercices pratiques

Pour apprendre l'assis, le coucher et le rappel à votre bobtail, il faudra toujours le récompenser. Aucune punition ne sera nécessaire.

Assis

Quand le chiot s'assied spontanément, dites «assis» et récompensez-le. C'est tout simple.

Coucher

Quand le chiot se couche spontanément, dites «couché» et récompensez-le.

Rappel

Dites le nom du chien, dites «ici» (ou «viens» ou tout autre mot approprié), et récompensez le chiot ou le chien adulte quand il revient, que ce soit tout de suite ou après… une demi-heure.

Ne punissez jamais le chien qui revient, même tard, après l'ordre. Et renvoyez-le régulièrement au jeu après le rappel, pour qu'il n'associe pas le rappel et une mise en laisse, une privation de liberté, une frustration.

Ne pas sauter sur les gens

Le chien saute pour «dire bonjour» face à face, pour rapprocher sa tête de la vôtre. S'accroupir pour l'accueillir évite qu'il n'apprenne à sauter. Lui mettre une laisse légère et un collier à la maison et mettre le pied sur la laisse l'empêche activement de sauter.

Se laisser manipuler

Installez le chiot sur une table, faites-le asseoir et maintenez-le pour qu'il reste tranquille. Ensuite, glissez vos mains sur son pelage, pincez-lui la peau et entrouvrez-lui les mâchoires. Recommencez. Au début, faites l'exercice pendant 2 secondes, puis doublez le temps à chaque séance. Vous lui apprendrez ainsi à accepter toute manipulation, que ce soit l'administration d'un médicament à la maison ou l'examen de santé chez un vétérinaire. En même temps, vous vous imposez en douceur (dominance), ce qui ne peut que renforcer votre image de «chef de meute».

Brosser les dents

Une fois le chiot habitué à se laisser manipuler, utilisez une brosse à dents recommandée par votre vétérinaire et un dentifrice spécial pour chiens et brossez-lui les dents deux fois par semaine. Au début, effectuez le brossage pendant 2 secondes et doublez le temps à chaque séance. Commencez tôt pour éviter que le chien n'ait des problèmes de tartre.

Marcher en laisse

Le principe de la marche en laisse est que votre bobtail vous suive à vos côtés sans se laisser distraire par tout ce qui se passe autour de lui. Ce n'est pas évident, car la promenade, c'est aussi une découverte, un plaisir, une reconnaissance des traces laissées par d'autres. Un peu d'indulgence est nécessaire: la marche en laisse n'est pas un drill militaire, mais un plaisir commun.

Si vous êtes reconnu comme l'individu dominant, cela ne posera guère de problèmes. Plusieurs techniques sont à votre disposition. En voici deux, la première ayant notre préférence.

1. Parlez beaucoup pour attirer l'attention du chien. Pour tester votre habileté, attachez le chien d'un simple brin de laine.
2. Sévissez quand le chien vous dépasse ou s'égare sur les côtés. Pour ce faire, vous pouvez utiliser:
   - ❑ la traction de laisse;
   - ❑ la claque sur les fesses (à l'aide d'une baguette mince ou de l'extrémité libre de la laisse).

Quel est le matériel adéquat pour une bonne marche en laisse?

Il existe de multiples systèmes pour éviter que le chien ne tire en laisse: le collier coulissant en cuir, par exemple la bride faciale, etc. Restons simple: un collier de cuir ou de métal aisément coulissant, une laisse en cuir ou en nylon.

Comment faire une remise aux pieds par traction de laisse?

Dès que le chien dépasse la distance autorisée, vous faites une traction subite non pas vers l'arrière mais sur le côté. De cette façon, plus le chien tire, plus vous récupérez sa force pour le faire basculer vers vous.

Que penser des laisses à enrouleur?

Elles sont responsables de nombreux accidents, le chien tournant autour des arbres, autour des jambes des propriétaires (chutes et fractures), se jetant sur la route (écrasements)...

Contrôler les aboiements

L'aboiement subit les mêmes influences de renforcement de la récompense et de la punition que nous avons décrites. Mais, il est autorécompensant, c'est-à-dire qu'il s'active lui-même.

C'est vers l'âge de 8 semaines que les capacités vocales du chiot sont à leur point culminant. Dans la nature, par après, les aboiements diminuent, le chien sauvage adulte étant quasiment silencieux. Dans la maison, l'intervention des propriétaires favorise les aboiements.

Les humains sont de grands bavards et utilisent leur voix toute la journée. Pour imiter ses parents adoptifs, le chien use et abuse de ses expressions vocales.

Si le mot «non» a été régulièrement prononcé avec une punition physique adéquate, suffisante et sans colère, il sera rapidement efficace pour stopper un comportement à distance, tel que l'aboiement.

Comment éviter les destructions

Faites en sorte que votre chiot dispose sans cesse de quelques jouets, en nombre limité (maximum cinq), et ne ressemblant pas à vos objets (pas de vieille chaussure): une balle, un os en nylon (au parfum de viande), un objet en caoutchouc dur indestructible, entre autres.

Chaque fois que le chiot prend un objet interdit, punissez-le en disant «non» (sans colère), reprenez l'objet et remplacez-le par un de ses jouets. Encouragez le chiot à jouer avec ses objets personnels, soit par une caresse lorsqu'il les utilise, soit par une intervention dans le jeu. De cette façon, le chiot discernera rapidement les objets interdits des objets permis; il leur donnera un sens, une valeur sociale et hiérarchique, et respectera les objets des dominants.

Évitez tout risque de faute lorsque le chiot est seul en éliminant de l'environnement tout objet destructible. Si le chiot isolé, en détresse, arrive à détruire un essuie-main, un vêtement, il ressentira une baisse de tension émotionnelle, c'est-à-dire une récompense. Celle-ci sera responsable d'une augmentation des destructions en fréquence et en intensité. À ce moment, il conviendra que l'objet punisse de lui-même le chiot; pour cela, certaines astuces seront nécessaires, comme de protéger l'objet par des souricières (trappes à souris, crochet enlevé, pour ne pas blesser le chien).

C'est en respectant les étapes du développement, les modes de communication du chien (c'est-à-dire «parler chien»), les techniques efficaces de l'apprentissage, que vous arriverez à obtenir une insertion harmonieuse de votre bobtail dans votre famille et dans la société humaine. Il n'y a pas de recette miracle, il n'y a pas de chiens géniaux qui comprennent tout sans apprentissage, il n'y a que des éducateurs compétents qui font l'effort de se mettre au niveau du chien, de le comprendre dans son essence, afin de communiquer avec lui et, par là, d'améliorer ses performances et ses connaissances.

Comportements d'agression

L'agression est souvent mal comprise et mal interprétée. Il s'agit en fait d'un comportement qui fait partie du répertoire normal des chiens. Toutefois, cela ne signifie pas que toute agression soit acceptable. Voyons quelques-unes des expressions de l'agressivité chez le chien et comment celui-ci peut passer d'une agression normale à une agression pathologique.

Différentes formes d'agression

Nous avons vu antérieurement l'agression compétitive hiérarchique (p. 56) et l'agression territoriale (p. 59). Dans les pages qui suivent, nous verrons plus en détail d'autres types d'agression:

- l'agression prédatrice;
- l'agression par peur;
- l'agression par irritation;
- l'agression maternelle;
- l'agression instrumentale.

Agression prédatrice

C'est l'acte terminal de la séquence de chasse. Deux comportements sont observables en fonction de la taille de la proie. Ces formes d'agressivité sont importantes à reconnaître parce que, parfois, elles sont émises envers des individus auxquels le chien n'a pas été socialisé pendant sa croissance, particulièrement des enfants en bas âge, mais aussi d'autres animaux familiers comme les chats. Il n'existe pas, à ce jour, de technique infaillible d'apprentissage ou de médicaments qui permettent de résoudre le problème.

Proie de petite taille

Le chien saute à pieds joints, queue et oreilles dressées, retombe avec les deux pattes antérieures sur la proie; la séquence est répétée jusqu'à ce que la proie soit assommée; ensuite le chien la saisit entre les mâchoires et la tue.

Proie de grande taille

La chasse est alors une entreprise organisée par un groupe hiérarchisé; la proie est mordue dans les pattes afin de la faire tomber; la mise à mort et la consommation sont dévolues aux mâles dominants et éventuellement à leurs femelles.

Agression par peur

Ce type d'agression est extrême; il intéresse tout le monde, particulièrement les vétérinaires qui doivent y faire face.

Appelée *réaction critique,* l'agression par peur apparaît lorsque toute fuite est impossible et que tout autre comportement (immobilité par peur, menaces) est inefficace. Le comportement qui s'exprime est une véritable crise, un paroxysme incontrôlable. Le chien lutte pour sa survie.

L'*agression par peur* présente des caractéristiques très particulières: la phase d'intimidation n'existe pas, la morsure est violente, sans aucune régulation, et donc très intense et dangereuse. En même temps, le chien est haletant, peut saliver, perd selles et urines et vide ses sacs anaux.

Agression par irritation

Ce comportement est assez complexe. En fait, tout le monde risque de s'y heurter un jour ou l'autre. Ce type d'agression, activé par les hormones sexuelles, est déclenché par:

- ❑ la douleur d'une punition corporelle ou la douleur d'une maladie, comme un abcès dentaire, une otite, une infection cutanée, ou une arthrose, ce qui explique qu'elle puisse se présenter plus aisément chez le chien vieillissant;
- ❑ les privations telles que la faim ou la soif;
- ❑ les frustrations telles que la vue d'un jouet ou d'un aliment inaccessibles;
- ❑ les contacts tactiles répétés tels que les caresses ou les chatouillements;
- ❑ les altérations sensorielles telles que la diminution de la vue (atrophie progressive de la rétine) ou de l'audition (surdité).

Les séquences comportementales diffèrent suivant le niveau hiérarchique du bobtail. Le chien présente souvent une dilatation des pupilles, ce qui donne à son regard une réflexion bizarre de la lumière, des yeux rouges, un regard qualifié de «fou».

Chien dominé

Le chien émet des grognements de menace; son attitude corporelle est basse (tête, queue); ses pupilles sont dilatées; la morsure est une série de pincements avec les incisives et est suivie d'une fuite du chien, dos courbé, vers un coin dans lequel il prend refuge.

Chien dominant

L'attitude corporelle est dressée (tête et queue), le chien grogne fortement et sourdement; la morsure est brève, unique, contrôlée; le chien se retire ensuite dans son lieu de repos habituel.

Statut hiérarchique	Attitude corporelle	Menace Grognement	Morsure	Éloignement
Dominant	dressée	fort, grave	unique, contrôlée	lent, posture dressée
Dominé	basse	faible peu audible	pincements répétés	fuite, dos courbé

Agression maternelle

Ce type d'agression ressemble très fort à l'agression territoriale, puisque le groupe est protégé et défendu. La séquence comportementale est limitée essentiellement à une charge avec ou sans morsure. Il est important de savoir que l'agression maternelle peut être activée lors de pseudo-gestations et que certains médicaments qui coupent le lait (antiprolactine) ont un effet facilitateur: la chienne passe plus facilement à l'acte.

Agression instrumentale

Cette agression est liée à un processus de conditionnement spécial, appelé opérant, dans lequel la partie efficace (opérante) d'une séquence de comportement est conservée. Pourquoi? Parce que les conséquences du comportement sont efficaces, renforçantes: le chien est récompensé. Par exemple, lorsqu'un chien menace, il est récompensé si le propriétaire prend peur et lui laisse la liberté d'action.

Le chien reproduira alors ses menaces plus souvent et avec plus d'intensité. Si la menace ne suffit plus, il se mettra à mordre. Si la morsure est efficace, il mordra ensuite plus fort et plus souvent. À ce moment, les menaces disparaîtront, la morsure s'intensifiera. L'agression sera devenue pathologique.

L'agressivité instrumentale est caractérisée par: un raccourcissement ou une absence des menaces et des apaisements, une intensification de la morsure. Le chien devient dangereux.

Ce comportement peut s'installer à partir de toute forme d'agression. L'agression par peur ou par irritation peut s'accompagner d'une mise en œuvre agressive aux premiers signes anticipés d'une menace de l'extérieur, d'un autre chien ou d'une personne. Elle semble alors apparaître avant toute menace.

Agression	Phase de menace	Morsure	Apaisement
compétitive normale	aboiement, grognement	contrôlée	léchage
instrumentale	courte inexistante	intense, non contrôlée	absent

Quelques affections avec agression

Les comportements d'agression se retrouvent dans de nombreuses affections. Nous ne pouvons envisager ici que certaines d'entre elles.

Conflits hiérarchiques

Le chien est un animal social, vivant dans un groupe hiérarchisé. Lors de l'adoption, la famille prend valeur de meute; c'est pourquoi nous l'appelons famille-meute. En fait, tout a une valeur hiérarchique: le lieu où dort le chien, le moment de son repas, les attentions qu'il reçoit, la tolérance des manifestations sexuelles, les rituels de dominance, d'apaisement et de soumission, les prises de décision au cours des jeux, entre autres choses. Il nous faut vous renvoyer impérativement au développement de cette hiérarchisation et de l'agressivité compétitive. C'est essentiel pour la bonne compréhension de la dynamique de cette affection.

Les chiots se hiérarchisent entre eux dès l'âge de 5 à 12 semaines; ils entrent dans la hiérarchie des adultes entre l'âge de 3 et 4 mois, au plus tard à la puberté. Les enfants — humains — entrent dans la hiérarchie du chien au moment de l'adolescence. Si un bobtail mâle bien socialisé accepte un chevauchement d'un gamin de 8 ans, il est possible qu'il ne le tolère pas d'un jeune adolescent de 14 ans.

Voici quelques caractéristiques des dominants et des soumis. Toutes ne sont pas nécessairement présentes. Un savant mélange des deux tableaux peut se présenter chez des chiens au statut intermédiaire.

Caractéristiques du dominant	**Caractéristiques du dominé**
❏ Mange le premier, à son aise et au moment de son choix.	❏ Mange le dernier, rapidement et quand on le lui impose.
❏ Dort où il veut, dans la chambre, sur les fauteuils, au milieu d'une pièce.	❏ Dort où on le lui impose, dans un coin de pièce sans valeur sociale, mais ni dans la chambre ni sur les fauteuils.
❏ Reçoit les attentions gratuitement, ou à sa demande.	❏ Ne reçoit aucune attention, ou alors seulement en récompense d'une obéissance (soumission).
❏ A accès à la sexualité.	❏ N'a pas accès à la sexualité.
❏ Adopte une attitude dressée, pose ses pattes ou sa tête sur l'échine ou l'épaule des autres.	❏ Attitude basse, accepte que le dominant lui pose les pattes ou la tête sur l'échine ou les épaules.
❏ Ne se met pas en position couchée sur le dos, sauf pour se faire caresser.	❏ En cas de conflit, se couche sur le dos, pattes en l'air (position de soumission).
❏ Décide quand il va se promener, à quel endroit, et pendant combien de temps.	❏ Accepte le moment, le lieu et la durée de la promenade qui lui sont imposés.
❏ Décide quand il veut jouer et impose le jeu aux autres.	❏ Accepte le moment et le style de jeu qui lui sont imposés.

❑ Manifeste une agressivité compétitive.	❑ Manifeste une faible agressivité compétitive.
❑ Après cette manifestation, lèche la main ou l'individu mordu (apaisement).	❑ Accepte le léchage d'apaisement du dominant après le conflit.
❑ Manifeste de l'agressivité par irritation, avec une attitude dressée.	❑ Manifeste de l'agressivité par irritation avec attitude basse et fuite.
❑ Exprime une agressivité territoriale.	❑ Exprime une agressivité territoriale faible ou moyenne.
❑ N'obéit aux ordres que s'ils sont porteurs d'une gratification.	❑ Obéit aux ordres rapidement.
❑ Quand il est seul, marque à l'urine les objets qui entourent le lieu de départ des autres membres du groupe (chambranles, portes) ou redirige son agressivité vers ceux-ci.	❑ Ne marque pas à l'urine ni ne détruit les lieux de sortie.
❑ Empêche les individus d'entrer ou de sortir du groupe ou de la pièce.	❑ Accepte l'entrée et la sortie de tout le monde.

Mais un chien n'est dominant que si son vis-à-vis adopte un comportement moins dominateur. C'est une relation entre deux individus, deux chiens ou un chien et un humain, qui s'affrontent diplomatiquement ou agressivement.

Sociopathie

C'est le nom que l'on donne à ce problème du groupe social humain-chien dans lequel le chien conteste la dominance d'un ou de plusieurs de ses propriétaires.

Les situations de conflit déclenchantes sont souvent l'accès à un aliment, au sexe opposé ou à la maîtrise de l'espace (le lit ou un fauteuil, par exemple).
La hiérarchisation alimentaire entre chiots commençant vers 5 semaines, on peut déjà observer une amorce de problème à cet âge. Cependant, c'est plutôt à la puberté et à l'âge adulte, entre 6 mois et 2 ans, que la présence d'un comportement sociopathe est la plus évidente, même si les racines du problème sont ancrées dans le développement du chiot.

Que doit faire le propriétaire?

Le propriétaire doit interdire au chien sociopathe l'accès aux privilèges des dominants et doit se comporter lui-même comme un superdominant en «parlant chien» sans aucune incohérence.

Agression entre chiens de la même famille

En présence des propriétaires, ce type d'agression est souvent une question hiérarchique. L'association entre le chien soumis et un humain à valeur dominante rend dominant le couple humain-chien soumis et remet en cause le statut du chien dominant, qui se doit de régler l'impudence à l'aide de menaces ou à coups de dents. Si le propriétaire intervient, il empêche la conclusion du conflit et l'élaboration des rituels hiérarchiques. Les combats suivants deviendront plus violents encore. Protéger le chien soumis, c'est humain, mais contraire à l'harmonie de la famille-meute.

chien dominant	domine	chien soumis
chien soumis + humain	domine	chien dominant

Que doit faire le propriétaire?

Il doit respecter la hiérarchie qui s'est établie entre les deux chiens. Remarquons que le statut du maître n'est pas clair: puisqu'il n'arrive pas à imposer le calme au foyer, c'est que son rôle de dominant est mis en question.

Quelques incohérences dans le comportement du propriétaire

- Regarder son bobtail dans les yeux tout en ayant peur et l'approcher en se penchant vers l'arrière ou en faisant un détour.
- Crier, frapper, être en colère, alors que son bobtail se soumet ou émet des attitudes d'apaisement.
- Être en colère en rappelant le chien.
- Accepter que son bobtail dorme avec le conjoint du sexe opposé.
- Accepter un jour un comportement et le punir le lendemain (ou quelques minutes après): par exemple donner de la nourriture à table puis se fâcher parce que le chien mendie.
- Accepter que le bobtail lui mette ses pattes sur les épaules, le caresser, et tenter ensuite d'obtenir une obéissance.
- Caresser son bobtail couché sur le dos, à sa demande, et croire qu'il se soumet.

Agressions redirigées

Quelle que soit l'origine de l'agression, il se peut que le chien ne puisse pas exprimer son agressivité à l'individu approprié et qu'il la redirige alors vers un autre individu ou vers un objet, ou encore qu'il la retourne contre lui-même.

C'est particulièrement le cas lorsque le chien dominant est forcé de rester seul et que ses propriétaires (soumis) partent sans son autorisation. Il peut rediriger l'agressivité *compétitive* vers les objets proches du lieu où ils sont partis (la porte, les chambranles, les fauteuils à proximité) ou proches du lieu par où il peut encore les voir s'en aller (pourtour de fenêtre). L'agressivité peut aussi être redirigée vers un autre chien, ou une autre personne qui se trouve à proximité.

Si le chien ne peut exprimer son agressivité *territoriale* vis-à-vis d'un intrus, il peut la rediriger vers le propriétaire, surtout si ce dernier laisse faire, prend peur, se soumet ou fuit. C'est parfois le cas avec des propriétaires handicapés. Le comportement est alors renforcé par les conséquences positives des actes; le chien sera donc porté à recommencer, et développera une agressivité instrumentale.

L'agression par *irritation* est souvent redirigée. Quelle que soit l'origine de la douleur, le chien en rend responsable la personne qui se trouve près de lui au moment où il a mal et la mordra. Il pourra se méfier désormais de cette personne, anticipant de sa part un «envoi» de douleurs. Il la menacera afin qu'elle reste à l'écart, qu'elle ne s'approche pas de lui. C'est une procédure souvent efficace qui dégénère en agressivité instrumentale.

Agressions du chien âgé

Elles sont multiples. Dans la majorité des cas, on retrouve les agressions par irritation parce que le chien âgé développe des pathologies douloureuses, particulièrement des arthroses, et des déficits sensoriels (vue, ouïe). Ces agressions deviennent instrumentales.

Dans certains cas, c'est un véritable syndrome organique, une lésion du cerveau (une tumeur, un trouble vasculaire, une dégénérescence) qui entraîne l'apparition de conduites agressives sous forme de crises violentes, sans contrôle, dangereuses.

Agressions du jeune chien

On retrouve deux affections particulières aux jeunes qui, si elles ne sont pas traitées rapidement, persisteront à l'âge adulte. La première est l'hyperactivité, la seconde est ce que l'on pourrait appeler la délinquance.

Hyperactivité

Le chiot hyperactif n'a pas appris le contrôle de ses mouvements ni de ses morsures, soit parce que l'on a enlevé la mère du milieu de croissance, soit parce que les propriétaires ont acquis un chiot très jeune et n'ont pas limité son activité débridée. Ces chiens sont généralement joyeux, mais hyperactifs, insomniaques, bougeant sans arrêt, sans autocontrôle. Les morsures ne sont pas volontaires, mais elles ne sont pas régulées.

Délinquance

Ce problème comportemental se présente chez des chiots qui n'ont acquis aucun sens hiérarchique, qui ne respectent aucune des règles ritualisées de résolution des conflits (ni les postures de dominance ni celles d'apaisement ou de soumission), qui se bagarrent sans arrêt. Ce sont des chiens dangereux.

❑

> Quelle que soit la conduite agressive du bobtail, il est nécessaire de communiquer rapidement avec son vétérinaire ou, mieux encore, de consulter un vétérinaire spécialisé en comportement. Rappelez-vous que la plupart des conduites agressives peuvent dégénérer en agression instrumentale, état pathologique qui nécessite une médication pour être amélioré. Des solutions existent pour presque tous les cas, mais ne pensez-vous pas que la prévention reste préférable à un traitement curatif de longue durée?

Troubles émotionnels

Certains chiens souffrent parfois de troubles anxieux (peur, panique, phobie, anxiété) ou de troubles dépressifs. En fait, la régulation des émotions, qui se met en place durant la croissance (entre 3 et 10 ou 14 semaines), peut se dégrader en trois stades progressifs:

- la phobie;
- l'anxiété;
- la dépression.

Phobies

Les phobies sont des *réactions de crainte* (voire de *peur*) *qui apparaissent en présence d'un stimulus identifiable qui n'est théoriquement pas menaçant ni dangereux,* c'est-à-dire en face d'une situation sans danger réel pour l'animal.

Par exemple: le chien peut fuir les vélos, les motocyclettes, les feux d'artifice ou se réfugier dans la salle de bain en cas d'orage. Il peut aussi garder ses distances par rapport à des personnes handicapées ou marchant à l'aide de béquilles.

On distingue deux origines au comportement phobique:

❑ une insuffisance de la régulation émotionnelle par développement en milieu appauvri (voir page 39);

- ❑ un traumatisme émotionnel entraînant une sensibilisation à un stimulus particulier. Le traumatisme peut être provoqué, entre autres, par un accident de voiture, un coup de sabot de cheval, un feu d'artifice inattendu, une morsure d'un autre chien, une injection douloureuse chez le vétérinaire, un voyage en voiture stressant, etc.

Les phobies se traitent à l'aide de médicaments (si nécessaire) et de techniques comportementales, comme la *désensibilisation*. La *désensibilisation* est l'affrontement progressif du stimulus qui provoque la phobie. Ce stimulus est modifié afin d'apparaître moins menaçant. L'émotion peut être transformée par usage d'une médication anxiolytique, c'est-à-dire qui combat l'état anxieux.

Les techniques de relaxation et de visualisation imaginaire, employées pour traiter les phobies chez l'humain, sont inutilisables pour le chien.

Désensibilisation aux bruits d'explosion

Cette désensibilisation se fait à l'aide d'un enregistrement de haute qualité qui est passé à faible intensité (presque inaudible) au chien dont l'attention est détournée (relaxation) par des jeux ou un repas. L'intensité du bruit est augmentée progressivement, séance après séance. Toute séance est stoppée dès que le chien montre des signes d'inquiétude.

Désensibilisation aux gens

Les gens sont d'abord classés en fonction de l'intensité de la peur qu'ils créent chez le bobtail. La personne dont le chien a le moins peur est accroupie, les yeux détournés; elle tend la main avec un aliment très appétissant et attend que le chien vienne chercher l'offrande. Une fois que le chien s'approche de façon régulière de cette personne, on demande la coopération d'une autre dont le chien a un petit peu plus peur et ainsi de suite.

Désensibilisation aux chiens

La désensibilisation aux chiens se fait par apprentissage d'un comportement calme, «assis» par exemple, à distance de sécurité (20 m pour commencer, plus ou moins suivant le cas) de l'autre chien-stimulus. L'«assis» est récompensé d'une gratification alimentaire très appétissante. Une fois qu'on a réussi à faire obéir le chien systématiquement à 20 m, on se rapproche progressivement de l'autre chien. On s'en éloigne au moindre signe de stress.

La désensibilisation n'est pas la seule thérapie possible. Il est aussi important de veiller à ne pas transformer l'expérience thérapeutique en événement stressant qui entraînerait une sensibilisation, c'est-à-dire un accroissement de la phobie! L'avis d'un vétérinaire spécialiste est fortement recommandé.

États anxieux

L'anxiété est le second stade de dégradation de la régulation des émotions. Désormais, le stimulus déclencheur n'est plus toujours identifiable, les réactions de l'organisme sont plus importantes, plus longues, il y a des répercussions hormonales sur la glande thyroïde et les glandes surrénales, ainsi que sur le système immunitaire (la défense de l'organisme).

Classification et définitions

Les états anxieux sont classés en trois groupes en fonction de la durée des périodes d'anxiété (suivant le D^r^ vétérinaire Patrick Pageat).

Type d'anxiété	Symptômes organiques	Agression par peur/irritation	Inhibition et activités de substitution
paroxystique	+++++++++	0	0
intermittent	+++++	++++++++	0
permanent	0	0	++++++++
Le «0» indique une absence du symptôme, le nombre de + indique l'importance et la fréquence de ce symptôme dans le type d'anxiété.			

Symptômes organiques

Il s'agit d'une série de symptômes que le corps manifeste à la suite d'un stress ponctuel ou d'un trouble anxieux:

- ❑ **Accélération du cœur et de la respiration:** *le chien est haletant, son cœur bat à toute vitesse.* Dans certains cas, le cœur bat tellement vite qu'il n'y a plus assez d'oxygène apporté au cerveau, et une syncope s'ensuit.
- ❑ **Troubles de l'estomac:** *des bâillements, des éructations, des vomissements chroniques sans raison organique.*
- ❑ **Troubles intestinaux:** *selles fréquentes et volumineuses, souvent molles ou liquides, diarrhéiques, parfois hémorragiques, liées à une irritation du côlon, souvent nommée «côlon irritable».*
- ❑ **Troubles de la salivation:** *ptyalisme (salivation exagérée) se manifestant par crises.*
- ❑ **Troubles urinaires:** *essentiellement des éliminations urinaires émotionnelles, soit quelques gouttes, soit en dépôts multiples et dispersés, comme émises en courant.* Notons que dans l'anxiété paroxystique, ces troubles sont les seuls observables, le chien n'étant pas particulièrement peureux à première vue.

Activités de substitution

Ces comportements n'ont rien à voir avec la situation et sont émis à la place des comportements adéquats, à savoir les stratégies fonctionnelles en cas de peur, c'est-à-dire la fuite ou l'agression par peur. Ces activités de substitution sont tirées essentiellement des comportements centrés sur l'activité buccale ou l'activité locomotrice:

- ❑ **Prise de nourriture:** *boulimie; il en résulte des obésités.*
- ❑ **Prise de liquide:** *(potomanie) le chien pouvant boire de 5 à 10 fois le volume normal de liquide*; il en résulte des volumes urinaires considérables, parfois des souillures.
- ❑ **Prises de contact avec le corps:** *il s'agit de léchages désorganisés ou de comportements de toilettage organisés, avec intensification du léchage*

et des mordillements sur une ou plusieurs régions corporelles, les poignets ou les griffes de préférence. Curieusement, le côté gauche du corps est plus touché que le côté droit. Le côté gauche est lié au cerveau droit, hémisphère de l'émotion. Il résulte de ces léchages et mordillements des plaies, des ulcérations, et, exceptionnellement, des amputations de doigts.

❑ **Déambulations et tournis:** *le chien marche de long en large ou tourne sur lui-même en essayant ou non de capturer sa queue, dont le poil peut être arraché.*

Dans le cas où les actes deviennent répétitifs, et lorsque le chien les produit de plus en plus souvent (parfois 15 heures par jour), n'arrivant plus à s'arrêter spontanément, on parle de *stéréotypie.*

Toutes ces activités ont lieu indifféremment en présence ou en l'absence des maîtres. Si le comportement n'apparaît qu'en présence des propriétaires, il faut envisager un problème de ritualisation, une recherche d'attention, qui provient plutôt d'un trouble de la hiérarchisation.

Inhibition

L'inhibition est l'arrêt des processus comportementaux. Le plus caractéristique est la disparition de l'activité motrice volontaire: le bobtail ne bouge plus, n'explore plus son environnement, refuse de se promener, n'accueille plus ses propriétaires, ne joue plus et dort (ou reste couché sans rien faire) plus que de raison.

L'inhibition agit aussi sur les autres éléments du répertoire comportemental:

❑ Prise de nourriture: peut diminuer, et alterner avec des périodes de boulimie;
❑ Comportements d'agression: sont fortement atténués;
❑ Obéissance: devient aléatoire.

L'inhibition est le processus qui permet de reconnaître les anxiétés permanentes, mais aussi les dépressions.

Quelques syndromes anxieux

Les deux syndromes anxieux les plus importants sont l'anxiété de *séparation* et l'anxiété de *privation*.

Anxiété de séparation

Certains chiens font des crises d'anxiété quand ils sont séparés de leurs propriétaires. Jusqu'à ce jour, les techniques thérapeutiques visaient à apprendre aux chiens à rester seuls.

Récemment, on s'est rendu compte que le problème était autre: il s'agit d'un *hyperattachement* entre le chien et ses propriétaires. Le processus de détachement (sevrage émotionnel) ne s'est pas produit pendant la croissance du chiot; il en résulte un manque d'autonomie. L'isolement en milieu monotone crée dès lors une détresse, qui s'exprime dans des troubles émotionnels de type anxieux. La monotonie du milieu est, on le sait aujourd'hui, un autre facteur de stress qui s'ajoute à l'isolement.

Le chien isolé, anxieux, aboie (appel à l'aide), détruit (agression redirigée, recherche d'activité), souille (excrétions de stress), se lèche (autostimulation). Le propriétaire et le chien ont des rituels de départ et de retour importants et complexes (dons et demandes d'attention, de paroles, de jeux, etc.).

Quand les maîtres sont à la maison, le chien est collant. Il dort souvent avec eux. Parfois, le chien est puni au retour des maîtres. La punition n'a pas lieu sur le fait, et le chien anticipe avec angoisse le retour des maîtres. Ce stress s'ajoute aux autres facteurs stressants et bien souvent des souillures se produisent peu avant le retour des propriétaires.

Le traitement consiste à donner des médicaments contre l'anxiété et facilitant le détachement émotionnel, à supprimer les rituels de départ et de retour, à stopper les punitions hors propos, et à interdire au chien de coller sans arrêt à son maître.

D'autre part, les propriétaires souffrent souvent eux aussi d'hyper-attachement. Seront-ils prêts à se détacher de leur compagnon pour lui donner son autonomie émotionnelle?

Anxiété de privation

C'est une anxiété qui s'accompagne d'une perturbation grave des capacités de régulation émotionnelle, avec insuffisance de développement des comportements exploratoires et sociaux, parce que le chiot n'a pas eu un milieu de croissance suffisamment riche en stimulations, qu'il s'agisse de contacts avec des gens, ou de stimuli de l'environnement (bruits, etc.). On sait aujourd'hui que ces chiens présentent une certaine atrophie cérébrale sur le plan des connexions entre les cellules nerveuses. Cette atrophie s'accompagne d'une modification de la chimie cérébrale.

Un comportement est caractéristique de ce syndrome: c'est la *posture d'expectative* qui présente trois temps:

1. en présence d'une nouveauté, un repli sur soi immobile et crispé dont la durée peut dépasser une minute;
2. un flairage de loin en tendant le nez sans bouger les pattes;
3. un retournement et une fuite.

Est-on capable de guérir l'anxiété de privation? Tout dépend de son stade d'évolution, et de l'âge du chien. Un chien jeune, en plein développement cérébral, a un maximum de chances de récupérer une régulation émotionnelle normale. Quoi qu'il en soit, un traitement de longue haleine, de 6 mois à 1 an, s'impose.

La Dame magique (championne).

La Dame magique (championne) (photo du haut).
La Dame magique (championne) et Carte blanche (championne).

Dépressions

C'est le troisième stade de la désorganisation de la régulation des émotions. Les caractéristiques principales sont semblables à celles de l'anxiété permanente, mais même les activités de substitution disparaissent.

Il existe des dépressions du chiot, du chien adulte et du chien âgé. Plusieurs dépressions ont pour origine des troubles du métabolisme, notamment dans la maladie de Cushing.

Dépressions de l'enfance

La dépression de *privation* est l'aggravation de l'anxiété de privation. C'est le stade le plus grave.

La dépression de *détachement* se manifeste chez des chiots qui ne s'attachent à personne. C'est l'«autisme» du chien.

Dépressions du chien adulte

La dépression *réactionnelle* fait suite à un traumatisme ou à un bouleversement de la vie affective (fin des vacances et retour des propriétaires au travail, ou des enfants à l'école, etc.). C'est un processus normal s'il dure une ou deux semaines; il devient pathologique après trois semaines.

La dépression *cyclique* (dysthymie bipolaire) est une affection dans laquelle deux phases alternent: une phase dépressive et une phase d'agitation, voire d'agressivité.

La dépression d'*involution* est caractérisée par une indifférence à l'environnement, des plaintes continues sans raison, des souillures, une exploration buccale avec mise en bouche de corps étrangers, en somme un tableau de régression infantile. Elle est fréquente chez les chiens de travail mis à la retraite. La dépression d'involution est caractéristique des chiens âgés.

Mon bobtail souffre-t-il d'un trouble émotionnel?

Voici en résumé quelques indices aisément observables qui permettent de déterminer si votre bobtail souffre d'un trouble émotionnel. Si votre chien présente une des manifestations exposées dans 6 des 10 situations ci-dessous, c'est qu'il est peut-être «mal dans sa peau». S'il s'agit en majorité des comportements marqués d'un astérisque (*), pensez davantage à un trouble dépressif.

Si vous croyez que votre chien souffre d'un trouble émotionnel, prenez contact avec votre vétérinaire ou, mieux, avec un vétérinaire comportementaliste, afin de traiter l'affection.

Prise de nourriture

❑ Boulimie.
❑ Anorexie, manque d'appétit*.
❑ Alternance boulimie-anorexie*.

Prise de contact avec le corps

❑ Léchages ou mordillements corporels excessifs.
❑ Mordillement des griffes.

Prise de liquide

❑ Mâchonnement de l'eau sans l'ingestion (le sol est mouillé autour du bol).
❑ Augmentation du volume de liquide ingurgité, plus de 2 fois la normale (30 ml/kg si la nourriture est humide, 50 ml/kg si la nourriture est sèche), en l'absence de trouble métabolique (rein, foie, diabète, etc.).

Comportements répétitifs, stéréotypie

❑ Gémissements persistants, sans raison*.
❑ Léchages corporels incessants (provoquant des plaies chroniques).
❑ Tournis (plus de 15 minutes par jour).
❑ Déambulations incessantes.

Perturbations du sommeil

❏ Sommeil augmenté: plus de 12 heures par jour chez un chien adulte*.
❏ Sommeil diminué, insomnies, réveils nocturnes fréquents.
❏ Agitation et inquiétude au moment du coucher, endormissement agité avec réveils fréquents.

Comportement exploratoire (dans un lieu inconnu)

❏ Inhibition, aucune exploration*.
❏ Augmentation du comportement exploratoire, hypervigilance: le chien explore toute la zone avec agitation et sursaute au moindre stimulus.
❏ Évitements fréquents: fréquentes tentatives de fuites ou de refuge.
❏ Oral: le chien met tout en bouche, tente d'avaler tous les objets trouvés*.

Apprentissage (assis, coucher, rappel, propreté)

❏ Perte des acquis, obéissance aléatoire, propreté inadéquate (fait ses besoins n'importe où)*.
❏ Aucune obéissance ni réponse aux ordres ou aux demandes*.

Comportement d'agression

❏ Agression par peur.
❏ Agression par irritation.

Manifestations organiques de stress

❏ Halètements fréquents, accélération cardiaque, syncopes.
❏ Diarrhée, colite de stress.
❏ Salivation abondante par crises.
❏ Bâillements, renvois, vomissements.
❏ Éliminations urinaires émotionnelles.

Manifestations organiques secondaires

❏ Obésité.

❑ Urines abondantes et souillures.
❑ Lésions de léchage.

❑

Pour que vous ayez une vie harmonieuse avec votre bobtail, il est nécessaire qu'il soit *bien dans sa peau, bien dans sa tête, bien dans ses émotions*. Les performances de tout chien perturbé, émotif, anxieux, dépressif sont modifiées. Le chien devient incapable d'apprendre quoi que ce soit et de s'adapter au monde environnant sans cesse changeant. Afin de lui redonner tout son potentiel d'adaptation, il faut le soigner. Des techniques thérapeutiques et des médicaments efficaces ont été mis au point pour cela.

Alimentation

Avec les récents progrès survenus dans la qualité des aliments industriels, ce chapitre est devenu presque inutile. Une rencontre avec un vétérinaire suivie de quelques conseils, et vous voilà paré des notions indispensables sur la diététique du chien.

Importe-t-il de savoir les quantités de calories, de protéines, de lipides, de glucides, de fibres, de vitamines, de minéraux, d'oligo-éléments nécessaires dans la ration quotidienne de votre chien? Oui, si vous désirez cuisiner pour lui. Mais nul besoin de faire tous ces calculs si vous donnez à votre chien un aliment industriel de qualité qui contient tout cela, en proportions idéales, et surtout qui se digère facilement. L'intestin de votre bobtail sera seul juge. Ce qui en sortira vous instruira sur la qualité de la digestibilité: des selles sèches, moulées, peu odorantes (et aisées à ramasser, si nécessaire) sont les signes d'un aliment digeste.

Évidemment, nous ne pouvons aborder ici toutes les particularités des régimes spécifiques pour les chiens sportifs, les chiennes en gestation, les chiens souffrant d'insuffisance hépatique, rénale, cardiaque. Votre vétérinaire saura vous renseigner à ce propos.

Pourcentage moyen de protéines nécessaires dans le régime alimentaire (en poids sec):

- Chiots en croissance 28-32 %
- Chien adulte, entretien 15-20 %
- Chien adulte, exercice 25-35 %

- Chienne, lactation 29-30 %
- Chien âgé 14-20 %

Particularités digestives du chien

Le chien est un carnivore; à l'état naturel, il consomme des proies herbivores, et ingère en premier les viscères, riches en contenu végétal. Le transit digestif est rapide et s'effectue en 24 à 36 heures. Toute modification de la digestibilité du régime sera rapidement apparente par l'état des excréments.

Le chien contrôle mal sa consommation volontaire d'aliment quelle que soit la concentration énergétique; en revanche, il s'adapte assez aisément à un certain volume alimentaire imposé. Au propriétaire de contrôler les quantités. Le chien est gourmand, mais il n'est pas gourmet et s'accommode bien d'un régime monotone et identique d'un jour à l'autre.

Qu'importe ce qu'il mange, pourvu qu'il mange! Les éventuels caprices gustatifs ont plus à voir avec des rituels de dominance qu'avec un sens de la gourmandise. Cela explique la facilité déconcertante avec laquelle les chiens avalent n'importe quoi, des excréments aux produits toxiques, en passant par des objets indigestes.

L'estomac est volumineux et possède de fortes possibilités de dilatation, ce qui permet au chien d'ingérer si nécessaire des repas copieux et distants. Mais ce n'est pas une raison pour ne donner à votre chien qu'un seul repas par jour. Lui offrir deux ou trois repas prévient les surcharges gastriques, amène plus aisément la satiété, permet de mieux régulariser le poids et régule le transit digestif.

L'intestin fait environ six fois la longueur du corps et dispose d'enzymes digestifs aptes à digérer les protéines et les graisses; les sucres sont moins digestes; le lactose du lait est peu digeste après l'âge de 7 semaines et provoque souvent des diarrhées; l'amidon est plus digeste lorsqu'il est finement broyé ou cuit. Dans le cas contraire, il facilite les diarrhées. Dès lors, nourrir un chien avec des carottes et du riz insuffisamment cuit n'est pas idéal; cela aggrave même les fermentations intestinales et les diarrhées. Un excès de protéines de mauvaise digestibilité (tendons, aponévroses [membranes qui recouvrent les muscles]) entraîne des putréfactions nauséabondes dans le gros intestin (source d'entérites et d'intoxications graves) ainsi qu'un vieillissement rénal.

Particularités du comportement alimentaire

Toute modification de l'appétit peut être le signe d'une maladie infectieuse ou métabolique. Pensons notamment à la boulimie qui se manifeste dans les cas de diabète et aux pertes d'appétit qui surgissent lors d'infections des plus banales.

La prise de nourriture est soumise aux rituels hiérarchiques. *Manger, c'est communiquer l'organisation sociale de la famille-meute.* Voici trois points à observer:

❏ Ordre d'accès à la nourriture

Le dominant mange le premier, directement avant les autres (pas deux heures avant, ou indépendamment dans le temps ou l'espace). Le soumis mange le dernier.

❏ Obtention de la nourriture des autres membres du groupe

Le dominant demande et reçoit à volonté; si nécessaire, il exige avec un grognement ou prend ce qu'il veut dans l'assiette d'autrui. Le soumis demande, insiste, se fait rabrouer, patiente (rituels d'apaisement) et reçoit finalement quand le maître (dominant) le décide.

❏ Présence des membres du groupe et vitesse d'ingestion

Le dominant mange lentement, mastique, regarde si on l'observe, aime à être encouragé, voire nourri à la main; il peut s'arrêter de manger quand le propriétaire s'éloigne, et aller le chercher, afin que ce dernier assiste à la fin du repas.

Le dominant peut grogner et défendre le repas vis-à-vis de tout intrus.

Le soumis mange rapidement, peut grogner et se retirer devant le maître qui entre dans la pièce.

En conclusion, nous ne conseillons pas l'alimentation *ad libitum* (à disposition permanente), méthode dans laquelle le chien règle lui-même les horaires et les quantités alimentaires.

Types de nourriture

Il y a essentiellement quatre types de nourriture:

- trois nourritures industrielles:
  - ❑ sèche;
  - ❑ semi-humide;
  - ❑ humide (en boîte et contenant généralement de 80 à 82 % d'eau);
- une nourriture maison, généralement humide.

Nourriture industrielle

Les aliments industriels sont eux-mêmes répartis dans plusieurs catégories: les produits génériques (bas prix et digestibilité parfois limitée), les produits qui portent le nom d'une chaîne de magasins (prix limité, qualité variable), les produits populaires et les produits diététiques de haute qualité (généralement plus chers, mais de grande qualité et de digestibilité optimale garantie; on les trouve en magasins spécialisés et surtout chez les vétérinaires).

Quant à savoir s'il est préférable d'acheter de l'eau avec un peu de nourriture (boîte) ou de la nourriture avec très peu d'eau (aliment sec), c'est une question de préférences personnelles. Ne vous laissez pas influencer par la publicité; discutez-en avec votre vétérinaire et tenez compte de votre portefeuille! Le chien dominé mangera de toute façon ce qu'on lui présentera. Quant au chien dominant, vous n'arriverez pas vite au bout de ses caprices. Le choix est vôtre.

Il est vrai que certains aliments secs manquent de goût et d'odeur. Ils seront mieux acceptés une fois réhydratés et enrobés d'un soupçon de bouillon de viande. Certains aliments humides sont tellement truffés d'activateurs de goût que le chien n'arrive plus à être rassasié: il en veut toujours davantage, au risque de devenir obèse.

L'aliment sec, s'il est mâché, réduit parfois l'entartrage des dents.

Attention aux os! Plus ils sont gros et mieux ce sera. Il faut éviter les os de petite taille, friables ou qui pourraient être ingérés; ils peuvent provoquer des perforations des organes internes. Donc, par exemple, pas d'os de volaille!

Nourriture maison

Peut-être avez-vous envie de cuisiner pour votre bobtail, que ce soit par amour de la cuisine, par désir de lui donner une nourriture saine, ou par peur des produits de conservation et des additifs alimentaires dans les produits industriels. Voici quelques lignes directrices pour garantir une alimentation saine et équilibrée à votre chien.

Donnez-lui une bonne base de protéines en lui servant des œufs, de la volaille, du poisson, de la viande ainsi que certains végétaux (légumineuses, céréales complètes) et fruits oléagineux (ces aliments sont classés par ordre de digestibilité des protéines). Ces produits fournissent également l'apport nécessaire en lipides (graisses).

Les fibres proviennent des légumes, qui doivent être servis cuits. Accordez la première place aux légumes verts à fibre longue.

Évitez de donner de l'ail et de l'oignon, même en faible quantité (0,5 % du poids corporel): ils peuvent provoquer des hémorragies mortelles.

Le reste des calories est assuré par une base de céréales broyées et cuites ou par d'autres aliments riches en amidon et en sucres lents (par exemple, la pomme de terre), cuits eux aussi.

Les minéraux présents dans ces aliments seront complétés par du carbonate de calcium; des comprimés de polyvitamines assureront un certain équilibre à ce mélange.

Autre élément important: ne faites pas cuire la viande; consommée crue, elle est bien plus digeste et contient davantage d'acides aminés essentiels.

Évitez toutefois de donner à votre chien de la viande de porc crue.

Qu'en est-il des quantités journalières? En ce qui concerne la viande, pour des rations quotidiennes, calculez 40 grammes pour chaque kilo (poids du chien) pour un chien en croissance, de 15 à 20 grammes par kilo pour un chien adulte et 10 grammes par kilo pour un chien âgé (préférablement des protéines de haute digestibilité). Un même volume de légumes est nécessaire. Ajoutez une quantité variable de céréales suivant l'état d'embonpoint; les chiens obèses peuvent s'en passer complètement.

Pour évaluer la digestibilité de l'alimentation que vous fournissez à votre chien, surveillez ses excréments. Si les selles sont liquides ou molles, réduisez l'apport en amidon (céréales, pommes de terre, par exemple).

Restes de table

Ils peuvent constituer 10 % de la ration ou davantage si l'équilibre du régime est préservé. Évitez les sauces, les excès de matières grasses, qui peuvent provoquer des pancréatites.

Peut-on donner du chocolat au chien?

Outre les apports excessifs en calories, méfiez-vous de l'intoxication à la théobromine (vomissements, léthargie, diarrhée, mort) possible avec 10 g/kg de chocolat noir ou 60 g/kg de chocolat au lait.

Chiens végétariens?

Certains aliments végétaux contiennent un taux honorable de protéines de digestibilité et de valeur biologique convenables. Cependant, ils sont très limités en acides aminés essentiels, comme la lysine, l'arginine, la méthionine et la cystine, la leucine, le tryptophane. En revanche, ces substances se retrouvent en forte concentration dans les œufs et le poisson.

Valeur biologique des protéines:

- œuf 100 %
- poisson 92 %
- viande (bœuf) 78 %
- légumineuse (soja) 67 %
- céréale complète 45 %

Voilà pourquoi il est possible de composer un régime avec une base végétarienne et des compléments indispensables en œufs, en produits laitiers et poisson. Ce régime est d'ailleurs excellent pour les chiens âgés qui ont des besoins réduits en protéines.

❑

Quel que soit le style d'alimentation que vous donniez à votre bobtail, adaptez-le en fonction des besoins propres à son âge, de sa santé et de son statut hiérarchique.

Vous pouvez trouver sur le marché une alimentation appropriée à tous les états pathologiques: obésité (régime allégé), insuffisance rénale ou hépatique, lithiase rénale ou vésicale, régime hypoallergène pour les chiens allergiques, alimentation liquide pour convalescents, diététique hyperdigestible pour insuffisants digestifs, et ainsi de suite. Parlez-en avec votre vétérinaire.

Sexualité, reproduction, élevage et stérilisation

Tous les propriétaires de bobtails ne désirent pas faire de l'élevage. La sexualité de leur chien reste cependant une préoccupation. Que se passe-t-il? Quels sont les risques? Faut-il la/le stériliser?

Sexualité et système reproducteur

C'est à la puberté que se manifestent les premiers signes de l'éveil des glandes sexuelles. Nous avons vu que l'émission des phéromones (sécrétions hormonales externes) provoque un bouleversement des relations sociales.

Chez le chien

Lorsque le chien mâle commence à «lever la patte» pour uriner, il témoigne de son besoin de mettre sa marque (visuelle et olfactive) dans l'environnement et exprime ainsi sa disponibilité sexuelle et son entrée dans la hiérarchie et la compétition sexuelle. Il est dès lors fertile, et cela en permanence, sans reproduire le cycle de ses ancêtres ou cousins sauvages, chez qui la production des spermatozoïdes est saisonnière.

Chez la chienne

Ce comportement (lever de patte) existe aussi chez la chienne mais à un degré moindre. Les «chaleurs» se manifestent par un écoulement vaginal sanguin et un gonflement vulvaire, parfois très important. La chienne agresse les mâles qui l'approchent, intéressés par l'odeur des phéromones. C'est la période du proœstrus.

L'œstrus est la période de réceptivité; l'écoulement sanguin diminue ou s'arrête et la chienne tolère les flirts, les encourage et accepte la monte et la pénétration. L'ovulation dure plusieurs jours. Par conséquent, si la chienne a plusieurs partenaires sexuels en quelques jours, les chiots pourront avoir des paternités différentes.

L'ensemble proœstrus et œstrus dure en moyenne 3 semaines. La répartition habituelle est de dix jours pour chaque période, bien que chaque chienne présente un cycle personnalisé.

Après vient le postœstrus aussi appelé métœstrus. C'est une période hormonale sous influence de l'hormone de grossesse, la progestérone. Si la saillie, ou accouplement, a été fécondante, cette période dure le temps de la gestation, soit 2 mois. Si la saillie n'a pas été fécondante, cette période dure entre 6 semaines et 3 mois. Que la chienne soit enceinte ou non, elle produit une hormone de grossesse (qui active les sécrétions de l'utérus et prépare les mamelles à la lactation). Elle est en gestation ou en pseudo-gestation, et c'est normal. En fin de métœstrus, le taux de progestérone décroît, l'hormone prolactine est sécrétée et les mamelles se gorgent de lait. La présence de lait est un processus normal, que la chienne ait mis bas ou non.

Cette lactation n'est pas «nerveuse» comme on l'entend dire trop souvent, elle est hormonale et normale. Dans une meute, c'est de cette façon que les chiennes qui n'ont pas de petits aident à nourrir les chiots de la chienne dominante.

Enfin vient l'anœstrus, qui dure jusqu'au prochain proœstrus. C'est une période de repos sexuel, d'inactivité hormonale, qui dure entre 2 et 9 mois (en moyenne 6 à 8 mois), suivant la race et l'individu. Certaines chiennes ont un cycle tous les 6 mois (c'est le plus fréquent), d'autres tous les 8, 9, 10 ou 12 mois. Qu'importe? Ce qui compte, c'est que la durée entre les cycles soit toujours équivalente.

Un frottis vaginal examiné au microscope permettra de révéler la phase sexuelle ainsi que le moment idéal pour l'accouplement. Parlez-en à votre vétérinaire.

Accouplement

Lors de la production des phéromones par une chienne en «chaleur», les chiens mâles se rassemblent, se jaugent, se bagarrent et déterminent qui parmi eux est le plus dominant, donc le seul autorisé à s'accoupler. L'accouplement se fera avec un certain exhibitionnisme, devant les autres mâles spectateurs silencieux; ce processus signe le statut social.

Dans une meute, si plusieurs chiennes sont en chaleur en même temps, pendant que le couple dominant est occupé à ses ébats, d'autres couples se forment et s'accouplent en catimini. D'ailleurs, si le dominant veut tenter de monter toutes les femelles, il s'épuise rapidement et réalise bientôt des saillies non fécondantes, laissant aux sous-dominants la responsabilité de la paternité des chiots. Les rituels sont ainsi respectés, et on évite un excès de consanguinité. C'est tant mieux pour la variabilité génétique du groupe.

La chienne a ses préférences et peut refuser tel ou tel amant jugé trop jeune, trop inexpérimenté, trop familier (guère passionnant) ou trop inconnu (angoissant), suivant les cas. L'attrait dépend de nombreux facteurs, notamment de la socialisation et de la sociabilité de la chienne.

Tout commence avec des jeux, des flirts, des frottements, des coups de langue, parfois de petits coups de dents. Cette phase de «cour» dure plus ou moins longtemps, suivant la réceptivité et l'expérience des deux partenaires.

La chienne signale sa réceptivité en s'immobilisant, queue déviée sur le côté. Le mâle la monte, fait des mouvements de bassin pour introduire son pénis dans le vagin, agrippe le bassin de la chienne, pousse des postérieurs afin de pénétrer plus profondément le vagin et d'y introduire le bulbe du pénis. Celui-ci gonfle et reste alors coincé par le muscle constricteur du vagin. L'éjaculation a alors lieu. L'excitation disparaît mais le pénis reste engorgé; le mâle se laisse retomber sur le côté de la femelle, glisse une patte postérieure au-dessus de son dos et se retrouve à côté d'elle; puis les deux chiens se retrouvent dos à dos «verrouillés» par leurs organes génitaux pendant 5 à 45 minutes. Tenter de les séparer ne peut conduire qu'à blesser l'un ou l'autre.

L'après-copulation varie énormément. Un certain état d'indifférence est habituel. Chacun se lave, avec ou sans raison.

Comme la ponte ovulaire s'étale sur plusieurs jours, plusieurs saillies répétées peuvent être fécondantes. Dès lors, les chiots d'une même nichée peuvent être de pères différents si plusieurs mâles se sont accouplés avec la même chienne. Lorsque les accouplements successifs sont séparés de plus de deux jours d'intervalle, les chiots présentent des poids de naissance très différents, ce qui engendre parfois des difficultés à l'accouchement.

Avortement

Après l'accouplement, les spermatozoïdes remontent les cornes utérines pour retrouver les ovules et les féconder. Les œufs qui en résultent ne s'accrochent à la muqueuse de l'utérus qu'après une vingtaine de jours. Il est donc possible, au cours des deux premières semaines après l'accouplement, de réaliser un avortement par injection médicamenteuse.

Parlez-en à votre vétérinaire.

Problèmes sexuels

La sexualité étant une opération complexe nécessitant une communication sociale, une structuration de la relation, des hormones, un organe sexuel fonctionnel et un organisme sain, on comprend qu'elle puisse donner lieu à de nombreux problèmes.

Choix du partenaire

Le choix du partenaire est une première question à résoudre. L'excitation sexuelle est réflexe et liée au reniflement des phéromones. Mais les phéromones des chiens et des humains ont une certaine ressemblance. Si la majorité des chiens ne s'y trompe pas, certains cependant sont perturbés et font des avances au propriétaire du sexe opposé. La situation se complique en mettant en jeu le statut social, avec les agressions compétitives que l'on a décrites à la page 56.

Le développement social joue un rôle déterminant. À force de vivre avec des humains depuis leur plus tendre enfance (avant l'âge de 6 semaines), certains chiens ne reconnaissent plus le partenaire-chien (dont l'odeur les excite mais dont la présence physique les indiffère) et s'embrasent pour le partenaire-humain. Cette «anthropophilie» devient de plus en plus courante et problématique.

Problème d'orientation

Le manque d'orientation est une façon bien sage de dire que le chien n'arrive pas à introduire son pénis dans le vagin, mais cherche à l'introduire partout ailleurs, montant la chienne de face ou latéralement. Ce comportement est souvent lié à l'inexpérience de la jeunesse ou à des troubles de la socialisation et à un manque de reconnaissance adéquat du partenaire sexuel.

Impuissance

L'impuissance est un autre problème, particulièrement masculin. En fait, il est souvent lié au statut social du chien. Déplacé dans un nouvel environnement, loin des aires qui lui sont familières, le chien perd son assurance; son statut social se chiffonne comme une peau de chagrin. Sa dominance et sa puissance sexuelle étant mises en question, il risque d'y perdre quelques moyens. Aussi lui conduit-on la belle en ses appartements. Si la chienne est une dominante et qu'il lui est inférieur, on pourra assister à la monte du mâle par la femelle.

Chaleurs silencieuses

Les chaleurs frustes, dites silencieuses, apparaissent chez les chiennes de statut social inférieur, étouffées dans leur sexualité par une chienne dominante toute-puissante. Les sortir du groupe réveille parfois leur sexualité inhibée.

Monte des gens

La monte des gens par les chiens («prendre la jambe», «prendre le bras»), est bien souvent un rituel de dominance et plus rarement une manifestation sexuelle exhibitionniste ou de masturbation.

Masturbation

La masturbation existe chez le chien des deux sexes, et est parfois ritualisée et stéréotypée.

Insémination artificielle

Que ce soit en raison de problèmes sexuels, pour ne pas déplacer un étalon, ou pour une meilleure sélection de la race, les vétérinaires ont de plus en plus recours à l'insémination artificielle. Si vous voulez obtenir des informations détaillées, communiquez avec un vétérinaire spécialisé en élevage et en reproduction.

Comportement maternel

Après une gestation de 61 à 63 jours, la chienne se prépare un nid. Elle est nerveuse, parfois irritable, et perd l'appétit; elle halète et se lèche les parties génitales. Ensuite commencent les contractions de la matrice; la chienne se couche, se lèche, contracte l'abdomen. Le premier chiot apparaît à la marge vulvaire. Ensuite, il est expulsé et léché; la chienne pince et rompt la membrane qui enveloppe le chiot, permettant l'écoulement du fluide amniotique. Le chiot est vigoureusement léché, le cordon est coupé et le placenta, ingéré.

Les chiots se succèdent parfois à plus d'une heure d'intervalle. La durée totale de l'accouchement ne dépasse généralement pas 12 heures. Cependant, occasionnellement, un chiot naît avec un jour de retard par rapport à ses frères et sœurs.

Le *léchage du chiot* par la mère favorise la respiration, les premières éliminations et active le tonus musculaire en général. La première respiration peut apparaître cinq minutes (voire plus) après la naissance, sans problème. Le chiot se dirige directement vers les mamelles et tente de s'y accrocher. Si le chiot s'éloigne de sa mère, la détresse et le froid le font crier; la chienne-mère va alors le chercher pour le ramener au nid.

Problèmes du comportement maternel

Le manque de maturité ou d'expérience, la douleur de la mise bas, un environnement stressant, une anxiété, une surdité, peuvent conduire la mère à tuer (écrasement, morsure) un ou plusieurs de ses chiots, voire à les ingérer partiellement ou totalement *(cannibalisme).*

Un manque de socialisation dans le jeune âge, avec trouble de l'identification à l'espèce (empreinte) conduit la chienne-mère à rester *indifférente* à ses chiots nouveau-nés (voire à les considérer comme des proies potentielles); les soins qu'elle leur prodigue sont souvent bien insuffisants pour assurer leur survie. (La plupart du temps, ces chiennes ont refusé l'accouplement et ont dû être inséminées.)

La *pseudo-gestation* et la *lactation* qui s'ensuit sont des processus naturels. La chienne présente certaines séquences des comportements de mise bas et de soins aux chiots: déchirement de tissus pour faire un nid, recherche et transport des objets d'attachement (d'autant plus intéressants qu'ils font des bruits comparables à des gémissements de chiots), gémissements, agression des visiteurs qui s'approchent de sa portée-leurre (agression maternelle). Les mamelles sont gonflées; parfois du lait s'en écoule spontanément. Les traitements locaux sont inutiles parce que la chienne les lèche et active ainsi la montée laiteuse. Il convient de lui retirer ses jouets-leurres, de la distraire, de la promener, de la fatiguer et d'attendre que cela passe.

En cas d'écoulement abondant du lait, des médications homéopathiques ou antiprolactines sont prescrites. Si les pseudo-gestations se répètent, la stérilisation est conseillée.

Stérilisation

Chez la chienne

Le fait même d'avoir des périodes hormonales de pseudo-gestation prédispose la chienne bobtail à différentes pathologies: le diabète, l'infection de la matrice, les tumeurs mammaires. On peut ajouter à cette liste les lactations de pseudo-gestation, gênantes, même s'il ne s'agit pas d'une maladie. Les tumeurs mammaires peuvent être évitées par une stérilisation précoce, c'est-à-dire par l'induction d'un état d'anœstrus par ablation des ovaires.

Quel que soit l'âge de la chienne, la stérilisation est une thérapie efficace pour les autres affections citées. En cas de diabète, il est très difficile d'assurer une régulation du taux de sucre sanguin par injection d'insuline, sans la stérilisation préalable.

La chienne vit des états d'anœstrus (absence d'hormones sexuelles) normaux pendant environ 6 à 10 mois par an. Cette période ne s'accompagne pas de modifications comportementales notables. La stérilisation induit cet état 12 mois par an.

En revanche, l'injection d'hormones contraceptives (progestagènes, molécules dérivées de l'hormone de grossesse) induit des états de métœstrus 12 mois par an. Le métœstrus, gestation ou pseudo-gestation, s'accompagne d'une augmentation de l'agressivité territoriale et d'une sensibilisation à certaines pathologies (diabète, infection de la matrice, tumeurs mammaires). De plus, c'est pendant cette période que les mamelles sont préparées à la lactation; l'injection d'un progestagène ne traitera pas une lactation de pseudo-gestation.

La meilleure contraception est donc la stérilisation. Pour une chienne d'élevage, on conseille d'éviter toute injection hormonale progestative; seule la continence sexuelle est valable. La section des trompes ou l'ablation de la matrice, tout en conservant un ou les deux ovaires, est une méthode contraceptive puisqu'elle empêche toute gestation, mais elle n'apporte aucun autre bénéfice: la chienne a toujours ses chaleurs et ses pertes sanguines, et elle attire les mâles.

Les agressions compétitives (hiérarchiques) entre chiennes sont accrues au moment des chaleurs; la stérilisation diminue ces crises agressives.

Chez le chien

La castration des chiens mâles reste un processus assez rare, en raison, semble-t-il, d'une résistance sociale chez l'homme. Chez le chien, comme chez l'être humain, c'est la femelle qui, en général, subit la contraception. Quoi qu'il en soit, la production hormonale des chiens mâles est continue, même si elle présente des oscillations journalières. Une première phase de masculinisation a lieu au moment de la naissance; les androgènes sont aussi produits par les glandes surrénales, ce qui fait qu'un mâle reste toujours un mâle, castré ou non.

La castration, ou ablation testiculaire, a des effets comportementaux et physiologiques. La transformation des sucres en graisse est facilitée; la tendance à l'obésité qui s'ensuit est aisément contrée par un régime approprié. La production de liquide séminal est limitée, ainsi que les pertes involontaires que cela cause (taches jaunes que le chien mâle risque de déposer involontairement partout sur son passage).

D'autre part, la castration atténue surtout la motivation sexuelle: on note une diminution du *vagabondage* par attrait sexuel, des *marquages urinaires* et des *agressions compétitives* entre chiens mâles pour la présence du sexe opposé. On constate aussi une réduction de l'*agression irritative* quand la castration est réalisée tôt. La castration prévient également le développement de tumeurs aux testicules et certains problèmes de prostate.

La vasectomie est une bonne méthode contraceptive, mais n'a aucun effet comportemental puisque la production d'hormones sexuelles persiste.

Dès lors, inutile d'espérer que la castration soit une panacée aux troubles comportementaux agressifs: castrer un chien ne corrigera pas la sociopathie, ni l'agression par peur, ni l'agression territoriale ou l'agression instrumentale, même si celle-ci a évolué à partir d'une agression hormono-dépendante. Pour évaluer si la procédure de castration est à envisager, on peut réaliser une «castration» chimique réversible à l'aide de médicaments.

Maladies

La connaissance nécessaire pour le diagnostic et le traitement des maladies s'acquiert par les études de médecine vétérinaire. Les lignes qui suivent vous donneront une idée de quelques pathologies fréquentes. Pour obtenir tout renseignement complémentaire, communiquez avec votre vétérinaire.

Maladies infectieuses et vaccinations

Il n'existe pas de traitement antiviral. Les virus sont donc combattus par une vaccination préventive, par le traitement des symptômes dans le but de soutenir l'organisme, par des méthodes activant l'immunité (sérums, homéopathie).

Hépatite contagieuse

L'adénovirus (de type I) produit les symptômes suivants: fièvre, gastro-entérite, atteinte des ganglions, conjonctivite, hépatite. La guérison est fréquente, sauf dans les élevages et chez les jeunes chiots.

Leptospirose

La leptospire est une bactérie qui peut infecter autant le chien que l'homme ou de nombreuses espèces animales, notamment les rats qui contaminent les étangs et les rivières. Les symptômes sont les suivants: gastro-entérite hémorragique, hépatite avec ictère (jaunisse), atteinte rénale grave (néphrite). Cette maladie mortelle est très rare au Québec.

Maladie de Carré

Le virus responsable (paramyxovirus) atteint quasiment tous les organes et systèmes, produisant certains des symptômes suivants: fièvre, inflammation des muqueuses des yeux et du nez, broncho-pneumonie, diarrhées et vomissements, signes nerveux. Le chien qui en guérit peut parfois présenter des séquelles comme de l'épilepsie, des tics musculaires, une absence de l'émail des dents.

Parvovirose ou gastro-entérite hémorragique

Le parvovirus provoque des vomissements et une diarrhée hémorragique, avec déshydratation. Il entraîne fréquemment le décès en quelques heures ou quelques jours.

Rage

Le rhabdovirus introduit dans le corps par la morsure d'un animal enragé entraîne une encéphalomyélite (maladie du système nerveux) mortelle caractérisée par des modifications de comportement et des paralysies. La maladie étant transmissible à l'homme par morsure, des mesures légales sont prises dans tous les pays.

Toux de chenil

Cette trachéite et bronchite (angine, conjonctivite), compliquée de pneumonie, se retrouve le plus souvent dans les collectivités de chiens (chenils). Elle est due à plusieurs virus (parainfluenza SV 5, adénovirus I et II, herpès, réovirus I) et bactéries *(Bordetella bronchiseptica)*. La maladie est rarement mortelle, mais dure longtemps (de 3 à 6 semaines).

Vaccination

La vaccination est devenue une pratique courante. Pour certaines maladies (rage), elle est même obligatoire dans plusieurs régions, ou pour voyager à l'étranger. Chaque vétérinaire établit son protocole de vaccination suivant le risque d'infection, et les vaccins utilisés.

Généralement, on administre la première vaccination lorsque les chiots sont âgés de 6 à 8 semaines, avec un ou deux rappels à un mois d'intervalle, ensuite tous les ans ou tous les deux ans. De nombreux vaccins sont combinés et donc injectés ensemble. En milieu infecté, les vaccins des jeunes chiots peuvent être répétés toutes les deux semaines. Chaque vaccination est précédée d'un examen général, seuls les animaux sains étant vaccinés.

Parasites

Il existe des parasites externes et des parasites internes. Certains parasites externes peuvent transmettre des parasites internes.

Aoûtat, trombidion, chigger mite

Le trombidion est un minuscule acarien végétarien dont la larve aoûtat, longue de 0,25 mm, se nourrit de peau et de lymphe, attaquant tout animal, quel qu'il soit, humain y compris. Les chiens sensibles souffrent de terribles démangeaisons; c'est la trombiculose. La saison la plus propice est l'été. L'usage d'insecticides est indiqué (colliers, vaporisateurs).

Cheyletiella

La cheyletiellose est une dermite, c'est-à-dire une inflammation de la peau, avec abondance de squames (lamelles) due à un petit acarien. Le prurit (démangeaison) est intense. La contagion à l'homme se fait aisément. Le traitement acaricide, par frictions et vaporisations, est efficace.

Culex

La piqûre de ce moustique serait anodine si elle ne transmettait pas la terrible dirofilarose (ver du cœur) en Amérique du Nord et dans la

France méridionale. Notez que ce moustique n'est pas le seul à transmettre le ver du cœur.

Phlébotome

La femelle de ce petit moucheron bossu et velu pique les chiens (le soir) et peut leur transmettre la leishmaniose, sorte de parasite (sud-est de la France).

Poux

Il existe des poux mallophages qui mangent le poil et la laine, et des poux piqueurs. L'un et l'autre sont très irritants et entraînent une dermite prurigineuse, c'est-à-dire une inflammation de la peau causant des démangeaisons. Les œufs, les lentes, collées sur le poil, permettent un diagnostic aisé. Un traitement insecticide vient rapidement à bout de ces poux.

Puce

La puce est un parasite ubiquitaire, c'est-à-dire qui est présent un peu partout; elle ne vit pas sur le chien, mais y prend ses repas. La puce vit dans le milieu extérieur (jardin, dépôts de bois par exemple), mais aussi sous les meubles, sur les parquets, dans les moquettes et même dans la voiture! Seul le gel a raison d'elle; mais dans la maison, il ne gèle jamais! La femelle pond des centaines d'œufs. L'œuf résiste à tout traitement et attend entre 1 semaine et 1 an pour éclore. La larve est un minuscule asticot qui se transforme en nymphe. Cette dernière vit dans un cocon; elle n'en sort que lorsque des vibrations trahissent la présence d'un être vivant. La puce pique pour absorber le sang. Sa salive est irritante et provoque des démangeaisons. Le grattage et le léchage génèrent de multiples lésions.

Les chiens sensibles peuvent devenir allergiques à la salive de la puce, ce qui provoque une inflammation de la peau (dermite) extensive et accompagnée de grandes démangeaisons; cette inflammation commence bien souvent à la base du dos.

La prévention passe par l'usage d'insecticides tant sur le chien que dans le milieu environnant, ainsi que par la stérilisation des œufs de puces (médicament donné par la bouche au chien).

La puce est l'hôte intermédiaire d'un ténia *(Dipylidium caninum),* ver parasite de l'intestin des mammifères (voir p. 122). L'ingestion d'une puce infestée entraîne le téniasis, maladie très courante.

Tique

Cet acarien se gorge de sang. La femelle a la capacité de distendre son estomac et de passer de 0,5 cm à plus de 2 cm de long. Ce volumineux repas dure de 3 à 5 jours. La femelle se laisse alors tomber sur le sol, monte sur un arbuste et pond jusqu'à 5000 œufs puis meurt. La tique plante son rostre, partie saillante et pointue située en avant de la tête, dans la peau de l'animal, injecte de la salive qui dissout les tissus et provoque une inflammation donnant naissance à une pustule. Un insecticide, de l'éther, de l'huile (pour boucher les pores respiratoires à la base du rostre) permettront d'enlever la tique aisément. Si le rostre n'est pas parti, ne vous inquiétez pas: il s'éliminera avec l'ouverture de la pustule. Un nodule dur persistera pendant plusieurs semaines. La tique transmet la piroplasmose (voir page 123) et la maladie de Lyme (borréliose). La prévention consiste en l'application d'insecticides à dépôt continu (collier) ou à activité rémanente.

À ces parasites externes s'ajoutent des parasites internes du tégument cutané (qui couvre le corps du chien) et qui sont générateurs de gales.

Démodex

Le démodex est un parasite banal rencontré chez 85 p. 100 des chiens. Il vit dans le follicule pileux. Certains chiens développent une gale démodectique, constituée d'alopécies (pertes de poil) circonscrites, de forme ovale ou diffuse mais qui causent rarement des démangeaisons. Le traitement est à base de produits acaricides, en friction, pendant plusieurs mois. Ces lésions sont parfois compliquées d'une grave infection bactérienne qui produit du pus, ce qui complique l'évaluation du déroulement, de la durée et de l'issue de la maladie.

Sarcopte

La gale sarcoptique est due à ce petit acarien qui creuse des galeries dans la peau. Le prurit (démangeaisons) est intense et le grattage dissémine les lésions. Des frictions avec un produit acaricide seront prescrites, ainsi que des traitements systémiques. La gale est très contagieuse chez les chiens. De rares cas de contagion à l'homme ont été décrits.

Certains parasites vivent dans l'intestin et provoquent à l'occasion de graves complications.

Ascaris

L'ascaris *(Toxocara toxascaris)* est un ver de section ronde (nématode), long de 5 à 18 cm, qui vit dans l'intestin grêle. Les œufs sont éliminés avec les excréments du chien et sont ainsi disséminés dans le milieu extérieur. Le déroulement va comme suit: le chien ingère des œufs, qui se transforment en larves; celles-ci traversent l'intestin, passent par le foie, pénètrent la circulation sanguine, arrivent au poumon, puis à la gorge où elles sont avalées, et deviennent adultes dans l'intestin. Chez les adultes, ces larves peuvent s'enkyster dans les muscles, le cerveau, etc. Chez la chienne gestante, ces larves traversent le placenta pour infester les chiots, qui naissent porteurs d'ascaris. Une vermifugation régulière est indispensable, notamment chez la chienne gestante et les chiots.

Ténia

Le ténia est un ver de section plate (cestode); le plus commun est le *Dipylidium caninum,* long de 5 à 50 cm, vivant dans l'intestin. Il est composé de petits segments musclés emplis d'œufs (ressemblant à des grains de riz mobiles), qui se fraient un passage au niveau de l'anus, avec les excrétions ou en dehors. L'hôte intermédiaire est la puce ou le poux, dont les larves se régalent d'œufs de ténia.

D'autres ténias plus rares sont absorbés par l'intermédiaire de viande crue ou d'abats de lapins et de lièvres, de poissons même, et entraînent des atteintes graves du foie, du poumon, du cerveau.

Il existe de nombreux nématodes. Certains, comme l'ascaris, vivent dans l'intestin et sont à l'origine de diarrhées parfois hémorragiques (ankylostome, trichure); d'autres vivent dans le poumon, ou sous la peau; d'autres encore s'incrustent dans le cœur, c'est le cas du *Dirofilaria* et de l'*Angiostrongylus* (inexistant au Québec).

Pour toute prévention et tout traitement, consultez votre vétérinaire.

Même s'ils sont microscopiques, les protozoaires peuvent causer de graves dommages. Voici quelques détails sur ceux que l'on rencontre le plus souvent:

Leishmaniose

Le leishmania est transmis par la piqûre d'un phlébotome, espèce d'insecte. Il entraîne, entre autres, une dermite, c'est-à-dire une inflammation de la peau, avec squames (lamelles), des gonflements ganglionnaires, un amaigrissement grave. Le chien malade, restant porteur du leishmania, est un risque de contamination indirecte (par insecte interposé) pour l'homme. Ce protozoaire est inexistant au Québec.

Piroplasmose

Le piroplasme *(Babesia canis)* est transmis par la morsure d'une tique. Il détruit les globules rouges (anémie), entraîne une atteinte grave du foie et des reins (urines rouges par la présence d'hémoglobine). Le traitement est efficace quand il est administré tôt. Le piroplasme est inexistant au Québec.

Maladies du métabolisme

Voici quelques indications pour les maladies les plus fréquentes.

Diabète sucré

Il s'agit d'un excès de glucose (sucre) dans le sang, par insuffisance d'insuline (produite par le pancréas). Y sont prédisposées les chiennes en postœstrus ou en gestation ainsi que les chiens et les chiennes obèses. Les symptômes d'appel sont l'excès d'appétit et de prise de boisson. Le diabète s'accompagne parfois de cataracte (20 p. 100 des cas). Il se traite par des régimes stricts et des injections quotidiennes d'insuline.

Hypothyroïdie

Lorsque la thyroïde ne produit pas assez d'hormones, l'organisme présente, entre autres, des troubles de l'humeur, des pertes symétriques de poil sans démangeaisons et un ralentissement cardiaque.

Un traitement substitutif aux hormones thyroïdiennes de synthèse est indispensable.

Syndrome de Cushing

Cette maladie est due à un excès de cortisol (cortisone naturelle sécrétée par la glande surrénale) ou de corticoïde médicamenteux (hormones stéroïdes) dans l'organisme. Il peut s'agir d'une tumeur de la surrénale, de problèmes de l'hypophyse, ou d'un abus de médicaments à «effet cortisone».

Les symptômes sont, entre autres, les troubles de l'humeur, la soif importante, la perte de poils symétrique et sans démangeaison et la distension abdominale.

Syndrome polyuro-polydipsique

Lorsque le chien boit beaucoup (polydipsie) et urine abondamment (polyurie), les diagnostics les plus fréquents sont:

- ❑ insuffisance rénale chronique
- ❑ infection de la matrice (métrite, pyomètre)
- ❑ diabète sucré
- ❑ syndrome de Cushing
- ❑ insuffisance hépatite
- ❑ anxiété intermittente.

Maladies du système digestif

Le système digestif commence dans la bouche et se termine à l'anus; il nécessite le fonctionnement harmonieux de plusieurs organes. Nous vous présentons dans les lignes qui suivent quelques pathologies très fréquentes du système digestif.

Caries et fractures dentaires

Les dents abîmées, cariées, fracturées, peuvent être soignées et préservées afin d'éviter les infections de la pulpe (pulpites) et les nécroses (altération des tissus de la dent). Le traitement: un «plombage», constitué d'une obturation profonde ou superficielle. Les couronnes dentaires trop abîmées font l'objet d'une reconstitution par prothèse.

Circumanalôme ou adénome périanal

Il s'agit d'une tumeur très fréquente des glandes situées à la marge cutanée de l'anus. Ces tumeurs sont sous dépendance hormonale et sont activées par les hormones mâles; elles peuvent être bénignes ou cancéreuses.

Le traitement consiste en leur ablation chirurgicale, accompagnée d'antihormones mâles, voire d'une castration, qui réduit le risque de récidives.

Diarrhée, entérite, colite

On nomme diarrhée toute augmentation de la fréquence des selles, de leur teneur en eau ou de leur volume. Autant dire que le sujet est vaste et regroupe des problèmes tant intestinaux que métaboliques. Tout traitement doit être spécifique, sous peine d'entraîner des complications parfois sévères, voire mortelles (corps étrangers perforants, parvovirose, diarrhée des chiots, pancréatite aiguë, invagination intestinale). Voici quelques symptômes permettant de reconnaître une atteinte de l'intestin grêle (entérite) généralement grave et un problème du gros intestin (colite), généralement moins grave.

	Intestin grêle	Gros intestin
Appétit	diminué, absent	normal
État général	mauvais	bon
Selles	liquides	molles
Selles: volume	augmenté	de normal à augmenté
Selles: mucus	non	oui
Selles: fréquence	augmentée	très augmentée
Sang (si présent)	noir	rouge

S'il n'y a aucune répercussion sur l'état général (fièvre, abattement), un jeûne de 24 heures peut résoudre pas mal de problèmes. S'il y en a, ou si on note la présence de sang, il faut consulter immédiatement un vétérinaire. Ne donnez aucun médicament de votre propre chef.

Parmi les diarrhées chroniques, avec amaigrissement, on retrouve le *syndrome maldigestion-malabsorption-malassimilation* lié à un défaut de digestion des aliments, ou de leur absorption par la paroi intestinale. La cause principale est l'insuffisance pancréatique, une déficience en enzymes digestifs. Ce syndrome se traite à l'aide d'aliments hyperdigestibles et d'enzymes de substitution.

Gastrite

Toute inflammation de l'estomac porte le nom de gastrite. Le symptôme principal est le *vomissement*. Les gastrites peuvent être aiguës ou chroniques.

Si votre chien souffre d'une gastrite, ne tentez pas de le traiter vous-même. La seule chose que vous puissiez faire en attendant un diagnostic précis et un traitement approprié, c'est de laisser votre chien à jeun.

Gastrites aiguës

Voici les principales causes de gastrite aiguë.

- Aliments inadaptés, corps étrangers.
- Intoxications (végétaux, produits chimiques).
- Virus, bactéries, parasites.
- Allergies.

Gastrites chroniques

Les principales causes de gastrite chronique sont:

- Anxiété intermittente.
- Insuffisance rénale.
- Tumeur de l'estomac.

Vomissements

Les vomissements du chien *à jeun* sont souvent dus à des reflux biliaires du duodénum vers l'estomac. Ils peuvent entraîner des gastrites chroniques. Ils se soignent aisément par une bonne hygiène alimentaire: petits repas répétés, dont un tard le soir et un tôt le matin.

Les vomissements ne sont pas toujours le signe d'une maladie de l'estomac; ils peuvent également signaler de multiples autres affections, telle une atteinte du centre du vomissement (dans le bulbe de l'encéphale) par des toxines ou des médicaments, ou la présence d'une peur, d'un mal des transports, d'une inflammation du foie, de l'utérus ou du péritoine ou encore d'un diabète sucré.

Sacs anaux

De part et d'autre de l'anus se trouvent deux glandes dont la vidange est spontanée avec l'excrétion. Ces glandes anales ou sacs anaux s'engorgent souvent, ce qui entraîne alors infection et abcès.

L'engorgement se vide par compression manuelle. L'abcès se traite comme tous les abcès, par incision, désinfection et antibiothérapie. En cas de récidive fréquente, l'ablation chirurgicale est indiquée.

Tartre dentaire

La salive, les aliments, les bactéries très nombreuses dans la bouche déposent sur les dents un film collant, appelé *plaque dentaire*. Cette plaque presque invisible se calcifie peu à peu: c'est le *tartre*. Le tartre est donc, en quelque sorte, du pus calcifié, ce qui explique l'odeur nauséabonde de l'haleine.

Le tartre s'infiltre sur la racine dentaire, abîme le ligament alvéolo-dentaire (qui attache la dent à son alvéole) et déchausse les dents: c'est la *parodontose*. Dans certains cas, des abcès dentaires viennent compliquer la situation.

Le tartre, une fois présent en abondance, doit être enlevé. Les dents déchaussées seront généralement extraites. C'est un acte chirurgical long, qui nécessite une anesthésie. Les plaies des gencives doivent être traitées elles aussi; parfois un traitement aux antibiotiques s'avère nécessaire.

Le tartre dentaire peut être prévenu par une application locale d'enzymes antitartre et le brossage des dents avec un dentifrice approprié. Demandez conseil à votre vétérinaire.

Maladies du système urinaire

Cystite

La cystite est une inflammation de la vessie, caractérisée par des besoins urinaires fréquents, de la douleur à la miction, et parfois la présence de sang. Il est important de différencier la simple infection de la présence de calculs ou, plus rarement, de tumeurs. Pour préciser le diagnostic, le vétérinaire a recours à des analyses d'urine, à des radiographies ou à une échographie.

Incontinence urinaire (énurésie)

Il s'agit d'une perte du contrôle des émissions d'urines soit pendant les périodes d'activité, soit pendant le sommeil. Dans tous les cas, le vétérinaire fait un bilan émotionnel du chien (anxiété, dépression par exemple), ainsi qu'un bilan somatique (interventions chirurgicales sur le système génital ou urinaire, infections de la vessie, affections neurologiques), afin de déterminer l'origine du problème et de proposer un traitement approprié.

Insuffisance rénale chronique

Il s'agit d'une défaillance progressive des fonctions rénales, détectable lorsque 70 p. 100 du tissu du rein est altéré, généralement par «vieillissement». Le symptôme le plus évident est l'abondance des urines (polyurie) et l'augmentation de la soif qui en est la conséquence (polydipsie). Ensuite apparaissent des signes digestifs: vomissements, diarrhée, ulcérations de la bouche. Mais on retrouve aussi, entre autres, une anémie, une décalcification des os (surtout de la mâchoire), une calcification des reins. Des analyses de sang permettront d'en préciser l'évolution, par les taux de phosphates, d'urée et de créatinine.

Cette affection est progressive et incurable. Une diététique appropriée sera la meilleure aide, notamment par un apport limité de protéines de très haute qualité. Aucun traitement ne pourra être négligé pour améliorer la fonction rénale, y compris l'homéopathie et la phytothérapie.

Maladies du système génital

Affections de la prostate

La prostate du chien subit différentes affections: infection (prostatite), augmentation de volume (hyperplasie), apparition de kystes, voire cancer. Une prostate augmentée en volume produit de la constipation et des difficultés urinaires (rétention).

Ces gonflements étant sous influence des hormones mâles, un traitement antihormone mâle s'impose, et éventuellement la castration. S'il y a infection, des antibiotiques sont prescrits.

Métrite, pyomètre

La métrite est l'infection de la matrice (utérus). Elle prend le nom de pyomètre lorsqu'il y a présence de pus dans la cavité utérine. Il s'agit d'une maladie grave, qui met la vie de la chienne en danger. Elle survient spontanément durant le métœstrus (prédisposition hormonale chez une chienne de plus de 5 ans), ou à la suite d'une mise bas ou d'un avortement par injection hormonale.

Les symptômes varient. Les écoulements purulents à la vulve ne sont pas toujours présents (si le col de l'utérus reste fermé). La température est parfois augmentée. Il arrive également que l'appétit diminue. Il est cependant fréquent d'observer une augmentation de la soif et des urines. Un traitement médicamenteux est possible, mais la thérapeutique habituelle est l'ablation de l'utérus (et des ovaires), conjuguée à un traitement des symptômes de l'infection, ainsi que de l'insuffisance rénale associée et de la déshydratation.

Maladies respiratoires

L'arbre respiratoire commence aux narines et se termine aux alvéoles pulmonaires. Chaque segment a ses pathologies, du simple rhume (coryza) à la pneumonie, en passant par les amygdalites (angines), trachéites, bronchites, et autres mots terminés en -ite. La cavité thoracique peut être l'objet de collections de liquide, tel que du sang (hémothorax) notamment à la suite de certains accidents.

Rhume

C'est le nom banal du coryza; il vaut mieux parler de rhinite, qui est l'inflammation de la muqueuse nasale, avec écoulements, éternuements et parfois obstruction des voies respiratoires intranasales. La rhinite peut être causée par un corps étranger (épillet), par une infection à virus (maladie de Carré, par exemple), par des bactéries, par des parasites (aspergillose), à la suite d'une allergie aux pollens, etc. Cette liste n'est pas limitative. Le traitement dépendra de la cause.

Bronchite, laryngite et trachéite

La bronchite est l'inflammation de l'arbre bronchique; elle est souvent accompagnée d'une trachéite (l'inflammation de la trachée) et d'une laryngite (l'inflammation du larynx). Le symptôme principal est la toux. La cause principale est l'infection virale et bactérienne (trachéobronchite contagieuse ou toux des chenils, maladie de Carré...). Il y a d'autres causes de toux. On distingue les affections aiguës et chroniques. Dans la bronchite chronique, on a un certain degré d'insuffisance respiratoire par obstruction des bronches. À la médication anti-infectieuse, on ajoutera des fluidifiants des sécrétions bronchiques et une kinésithérapie respiratoire, par percussion du thorax.

Collapsus de la trachée

C'est un affaissement de la trachée lorsque les anneaux trachéaux perdent leur rigidité. Le passage de l'air est diminué, parfois bloqué. Le chien a des difficultés à respirer et parfois s'asphyxie. Souvent, la pathologie se limite à de la toux chronique. Une radiographie permettra de confirmer le diagnostic. Le premier traitement sera préventif: le collier sera remplacé par un harnais. Il existe des procédures chirurgicales pour résoudre ce problème ainsi que des traitements anti-inflammatoires pour diminuer l'inconfort du chien.

Pneumonie

Il s'agit d'une inflammation des bronchioles et des alvéoles pulmonaires, le tissu où se passe l'échange respiratoire proprement dit, ce qui en fait une pathologie grave. Les symptômes principaux sont la difficulté respiratoire, avec une toux avortée, et de la fièvre. Quand la cause est infectieuse, la prescription d'antibiotiques s'impose souvent. Une kinésithérapie respiratoire est toujours bienvenue.

Maladies cardiovasculaires

Les maladies cardiovasculaires sont nombreuses et vont des malformations congénitales du cœur aux troubles du rythme cardiaque, en passant par les infections, les modifications du muscle cardiaque, en fait presque toutes les maladies connues chez l'homme sauf l'infarctus du myocarde, rare chez le chien.

Insuffisance cardiaque

C'est une diminution de la fonction de la pompe cardiaque. Les symptômes dépendent de la partie atteinte: cœur gauche, cœur droit, ou atteinte globale (qui associe les symptômes des deux autres catégories).

Insuffisance du cœur gauche	**Insuffisance du cœur droit**
Toux, nocture à constante.	Augmentation du volume du foie.
Difficulté respiratoire, à l'effort d'abord, permanente ensuite.	Œdèmes: abdomen (ascite), thorax, congestion veineuse.
Œdème du poumon, syncopes.	Amaigrissement, cachexie.

On détermine quatre stades dans l'évolution de la maladie:

- ❑ quelques symptômes transitoires;
- ❑ difficultés à l'effort;
- ❑ effort impossible, animal quasi normal au repos;
- ❑ symptomatologie présente même au repos.

L'insuffisance cardiaque est incurable. Seuls des traitements palliatifs peuvent apporter une aide transitoire, mais celle-ci peut apporter à l'animal un excellent confort pendant plusieurs années.

Affections de l'appareil locomoteur

L'appareil locomoteur est constitué des os, des articulations, des tendons, des muscles et des ligaments.

Les pathologies des os (ostéopathies) les plus fréquentes chez les chiots en croissance sont l'ostéoporose et le rachitisme. Les fractures (accidents) sont bien entendu les pathologies les plus courantes de l'âge adulte et sont l'objet de multiples traitements réparateurs (ostéosynthèse: broches, plaques). Le terrible cancer des os (ostéosarcome) est heureusement assez rare.

Les pathologies musculaires (myopathies) peuvent être d'origine infectieuse (tétanos [rare]), parasitaire (toxoplasmose, dirofilariose), immunologique (myosite des masticateurs, polymyosite idiopathique), héréditaire, fonctionnelle (myopathie de surmenage).

Ces listes sont incomplètes, bien entendu. Il faut y ajouter tous les traumatismes articulaires (luxations, arthrites, arthroses) et ligamentaires. Et même si tout ne guérit pas, les affectations de l'appareil locomoteur se soignent très bien aujourd'hui!

Arthrose

L'arthrose est une destruction progressive des cartilages des articulations, associée à une ossification déformante de la capsule, des ligaments, et des autres pièces qui forment l'articulation des os. C'est un processus douloureux. Il évolue vers l'ankylose. Les premiers signes sont la douleur et la raideur au lever, exacerbées par l'exercice excessif, l'humidité, le froid. L'agressivité irritative (voir p. 81) est aussi une des composantes possibles du tableau clinique.

Une radiographie permettra d'estimer l'étendue de la lésion.

L'arthrose peut siéger sur toute articulation, à la suite de contraintes mécaniques (traumatismes, défauts d'aplomb), d'anomalies du cartilage ou des os, ou à la suite de processus dégénératifs (vieillesse) ou inflammatoires (arthrites). Quand l'arthrose attaque les vertèbres et les disques intervertébraux, on parle de *spondylose*.

De nombreux traitements existent, chacun avec sa spécificité: médicaments antidouleurs (aspirine et autres), homéopathie, acupuncture, phytothérapie, usage des acides gras, etc.

Affections neurologiques

Des dizaines d'affections touchant le cerveau et les nerfs, nous ne citerons que quelques pathologies courantes sans revenir sur les infections telles que les encéphalites présentes dans la maladie de Carré et la rage. Un point important: les cellules nerveuses détruites ne sont pas remplacées et entraînent dès lors des déficits définitifs.

Accident vasculaire cérébral

Que ce soit par hémorragie ou thrombose, un groupe de cellules nerveuses est brusquement abîmé ou détruit, provoquant, entre autres, une crise avec perte de connaissance, une dilatation des pupilles et des troubles du rythme cardiaque. Si l'animal récupère, il reste souvent affligé de séquelles: paralysies, tics musculaires, agressivité éventuelle.

Convulsions

Il s'agit d'une perturbation du tonus musculaire et des mouvements, souvent accompagnée de salivation, de miction et de défécation. Il existe de multiples causes de convulsions, à partir d'un trouble du taux sanguin de glucose ou de calcium, en allant jusqu'à la tumeur cérébrale, en passant par les perturbations électriques (épilepsie). Un traitement sera justifié en fonction de la fréquence et de l'intensité des crises, ainsi que du confort de l'animal et de ses propriétaires.

Épilepsie (voir convulsions)

Hernie discale

Il s'agit d'un passage de matériel du noyau du disque intervertébral dégénéré dans le canal rachidien (colonne vertébrale) avec compression de la moelle épinière, entraînant des signes douloureux ou des paralysies. Plusieurs traitements sont conseillés, depuis l'emploi d'anti-inflammatoires jusqu'à la chirurgie.

Myélopathie dégénérative

C'est une dégénérescence évolutive de la moelle épinière qui entraîne des troubles locomoteurs, des pertes de sensibilité et une fonte musculaire débutant dans les membres postérieurs.

Affections des yeux et des oreilles

Cataracte

L'opacité du cristallin entraîne une diminution de la quantité de lumière perçue par la rétine. Le chien voit comme à travers une vitre translucide; il perd la vision des détails. Le traitement de la cataracte est chirurgical. Si la maladie n'est pas traitée, elle peut provoquer la cécité.

Cécité

Que ce soit par dégénérescence de la rétine, ou pour d'autres raisons, la perte de la vision est un handicap auquel le chien s'adapte assez bien, pour autant que l'on ne modifie pas son milieu de vie constamment.

Conjonctivite, kératite

Les affections de la conjonctive (infection, allergie, irritation) s'accompagnent de rougeurs, de larmoiements, parfois d'un écoulement de pus. L'inflammation de la cornée (kératite) et l'ulcère cornéen sont des urgences médicales.

Otite

L'inflammation du conduit auditif externe, par excès de cérumen, par infection, par parasites (gale, levures), par allergie (dont les allergies alimentaires) sera soignée rapidement et longtemps. Tout défaut dans le traitement pourrait provoquer un épaississement de la muqueuse, au point que le canal serait complètement oblitéré, signe d'incurabilité.

Surdité

Les chiens âgés perdent de leur acuité auditive. Mais une surdité, d'une ou des deux oreilles, peut frapper un chien de tout âge, après traumatisme du tympan, otite chronique, intoxication avec certains médicaments ou lésions cérébrales.

Sensibilités particulières de mon bobtail

La dysplasie de la hanche est une affection congénitale, d'hérédité discutée (environ 30 p. 100), qui est caractérisée par un développement anormal de l'articulation de la hanche, entraînant une mauvaise coaptation. La dysplasie évolue rapidement vers une arthrose. Il n'y a pas de relation stricte entre la lésion précisée par radiographie (quatre stades) et la fonction, certains chiens avec des hanches très abîmées marchant relativement bien.

L'atrophie rétinienne progressive (une dégénérescence de la couche postérieure de l'œil, partie sensible à la lumière, entraînant une cécité progressive) et la cataracte juvénile sont deux pathologies que les clubs de race tentent d'éliminer en collaboration avec les vétérinaires.

Sur le plan comportemental, le bobtail ne souffre d'aucune pathologie spécifique. Il peut souffrir bien sûr d'un problème de communication visuelle, tant dans la perception des mouvements si on ne lui dégage pas les yeux, que dans l'expression de messages corporels, puisqu'il est dépourvu de queue et que la face est couverte d'une épaisse toison qui masque les expressions faciales. Le bobtail est un chien avec lequel, plus qu'avec tout autre, il faut apprendre à communiquer.

Hygiène, soins courants, accidents

Le chien vit dans la maison des hommes. Pour le confort de ses propriétaires, ainsi que pour son confort personnel, pour son hygiène, pour le respect de son milieu de vie, un minimum d'entretien est indispensable.

Promenade

Il est important de sortir votre bobtail régulièrement, au moins quatre fois par jour, afin qu'il puisse effectuer les excrétions que lui demande Dame Nature, afin aussi qu'il puisse s'oxygéner, dérouiller ses muscles et ses articulations, et prendre contact avec ses congénères. Une ou deux fois par semaine, il faudra à votre bobtail une balade substantielle, afin qu'il puisse entretenir ses capacités sportives.

Soins

Un brossage quotidien du pelage est indispensable en raison de l'abondance du poil (voir p. 24). Demandez à un toiletteur ou à votre vétérinaire quels instruments acquérir.

Le bain est-il nécessaire? Si votre bobtail sent «le chien», il est peut-être temps de lui faire un shampooing! Demandez à votre vétérinaire quel shampooing utiliser; il en existe pour tous les types de peau (et tous les types de maladies de peau). Ces shampooings respectent l'acidité de la peau du chien, très différente de celle de la peau humaine.

N'oubliez pas de rincer votre bobtail après une baignade dans un étang ou dans la mer.

Pensez aussi à contrôler les griffes, sans oublier les ergots, et à les couper si nécessaire. Une griffe cassée à sa base doit être parée, ou arrachée; cela saigne abondamment; un bain d'eau oxygénée diluée enlèvera infection et particules de saleté.

Surveillez les yeux et les oreilles de votre bobtail et nettoyez-les avec les produits d'hygiène que vous aura fourni votre vétérinaire. Ensuite, pour éviter tartre et caries, n'hésitez pas à lui brosser les dents; il existe pour cela des dentifrices appropriés. Ne pensez pas qu'un repas de croquettes, ou un os à ronger, suffiront à garder ses dents étincelantes de blancheur. Cela aide, bien entendu, mais ce n'est guère suffisant.

Administration de médicaments

Si vous avez donné à votre bobtail une bonne éducation, si vous avez établi un état de dominance, et si vous lui avez appris à accepter les manipulations, alors vous n'aurez aucun problème à lui administrer un sirop, une pilule, un comprimé.

Pour le sirop, à l'aide d'une seringue, versez le contenu dans la gueule fermée, en glissant l'extrémité de la seringue derrière les canines et en soulevant légèrement le museau.

Pour les comprimés, ouvrez la gueule de votre bobtail, en pressant votre pouce d'une part, et votre index de l'autre, derrière les canines supérieures, et en levant le museau: la gueule s'ouvrira spontanément; il suffira alors d'introduire le comprimé au fond de la gueule, sur la base de la langue, et de le pousser du bout du doigt vers le pharynx; il sera avalé sans problème et sans que le chien y goûte (les papilles gustatives sont rares à la base de la langue).

Dans le cas où cela s'avérerait nécessaire (diabète sucré, par exemple), le vétérinaire vous expliquera comment faire des injections sous-cutanées.

Pour les pommades et autres topiques, faites en sorte que l'application ne soit pas considérée comme une punition, ni comme une gratification, ce qui entraîne parfois des petites perturbations hiérarchiques.

Interventions mineures

Désinfectez les *plaies* à l'aide d'eau oxygénée diluée, ou avec un produit recommandé par votre vétérinaire.

Les plaies de morsures (de chiens, de chats, de rats, par exemple) doivent subir un examen rigoureux afin de ne pas se transformer en abcès. Toute plaie de plus de 1 centimètre devrait être fermée à l'aide de fils ou d'agrafes chirurgicales.

En cas d'*accident* important, prenez toutes vos précautions! Le chien accidenté, même le plus gentil des chiens, est parfois confus et pourrait mordre ce qui vient à proximité de ses mâchoires. Plus d'un propriétaire s'est vu ainsi mordre le nez, la joue ou l'oreille. Un lien attaché autour du nez préviendra tout accident; si votre chien vous reconnaît et ne montre aucun signe d'égarement ou de peur, ce ne sera pas nécessaire.

S'il ne se relève pas spontanément, ne le forcez pas, vous risqueriez d'aggraver une plaie ou une fracture (attention aux fractures de la colonne vertébrale). Glissez votre bobtail sur une couverture et transportez-le avec ménagement.

Le vétérinaire effectuera un examen rigoureux. Il vaut mieux prendre un peu de temps pour tout examiner que de se précipiter à l'aveuglette.

Voici les symptômes qui indiquent la possibilité d'un choc traumatique («accident» se dit *CRASH* en anglais):

C Choc traumatique.

R Respiration: difficulté, obstruction des voies respiratoires, fractures de côtes, hémorragie interne.

A Abdomen: appréciation de lésions (foie, rate) et d'une hémorragie interne, sondage urinaire éventuel.

S Spinal: colonne vertébrale (traumatisme, compression de la moelle épinière).

H *Head*: tête (traumatismes du crâne et de la face).

L'examen rigoureux se poursuivra par l'évaluation de l'état du bassin, des membres, de l'intégrité de la peau (plaies).

En cas d'*hémorragie,* fabriquez un garrot. Celui-ci sera placé entre le cœur et la plaie pour les hémorragies artérielles (écoulement pulsant de sang rouge) et entre la plaie et l'extrémité du membre pour les hémorragies veineuses (écoulement continu de sang foncé).

Lorsque le chien est *brûlé* par un liquide bouillant ou des produits caustiques, des soins urgents devront être mis en œuvre (il y a risque de «choc des brûlés»). Si 30 p. 100 de la peau est altérée, la vie de l'animal est en danger. Seul un vétérinaire dispose des médications nécessaires pour éviter l'issue fatale.

Méfiez-vous des *coups de chaleur* (insolation) et ne laissez jamais un chien dans une voiture au soleil en été, toutes vitres fermées. Le chien se déshydratera rapidement et sa température corporelle augmentera; au-delà de 42 °C, il risque des lésions neurologiques irréversibles, le coma et la mort. Au moindre doute d'insolation, faites-le boire, rafraîchissez-le en le couvrant d'une serviette humide, ou plongez-le dans de l'eau tiède que vous rafraîchirez avec des glaçons.

Intoxications

Si votre bobtail a *avalé un produit dangereux,* n'essayez pas de le faire vomir avant d'avoir consulté votre vétérinaire ou le centre antipoison local. Certains toxiques, comme les acides, brûlent l'œsophage et faire vomir double cette action caustique. De même, ne faites avaler à votre chien aucun produit réputé antitoxique sans avis médical; le lait, par exemple, augmente l'absorption de certains toxiques.

N'oubliez pas d'emporter chez le vétérinaire le maximum d'éléments pour l'établissement du diagnostic, comme les résidus des produits ingérés, ou le nom des produits chimiques épandus. Si le toxique a été ingéré, après évaluation des risques, le vétérinaire administrera un vomitif, ou fera un lavage d'estomac, donnera des purgatifs, des diurétiques et luttera contre les symptômes mettant la vie du chien en danger. Si le toxique est déterminé, s'il existe un antidote, celui-ci sera administré sans tarder. Voici quelques signes de certains toxiques fréquents:

Toxique	Principaux symptômes
Organochloré	Hyperexcitabilité, vomissements, agitation, convulsions, dilatation des pupilles.
Organophosphoré	Salivation, vomissements, diarrhée, constriction des pupilles, convulsions.
Strychnine	Agitation, hypersensibilité, sursauts, convulsions.
Métaldéhyde	Agitation, troubles de l'équilibre, dilatation des pupilles, salivations, mâchonnements, convulsions.
Éthylène-glycol (antigel)	Soif, vomissements, respiration accélérée, dépression, convulsions, coma.
Anticoagulants, antivitamine K	Hémorragies dans les urines ou les selles, hématomes (ou seulement un de ces symptômes).

Expositions, concours, pedigree

Comment savoir si votre bobtail est beau selon la mode qui prévaut dans sa race? Bien sûr, votre bobtail est beau, et sympathique, et fait un excellent compagnon. Mais correspond-il aux critères de beauté de sa race?

Pour le savoir, vous devez le présenter dans une *compétition* afin qu'il soit apprécié et jugé. Il obtiendra alors des points, des titres, des qualifications qui pourraient faire de lui un être reconnu exceptionnel. Dans ce cas, il sera très prisé comme reproducteur. Rappelez-vous cependant qu'il y a beaucoup d'appelés, mais peu d'élus. Et même si votre bobtail ne remporte pas de titres honorifiques, il n'en sera pas moins beau à vos yeux, car vous le regardez avec les yeux du cœur, et pas avec l'objectivité rigoureuse d'un juge qui est obligé de suivre les critères spécifiés dans un standard de race idéal, donc inaccessible.

N'entre pas en exposition (régionale, nationale, internationale) qui veut. Les critères de sélection changent dans chaque pays. Dès lors, le plus simple est de prendre contact avec le club correspondant à la race de votre chien et de demander l'avis éclairé des responsables.

Il y a des concours de conformation et d'esthétique, et des compétitions de travail (obéissance, *agility, field-trial,* par exemple). Chaque chien est inscrit dans une classe particulière (débutant, jeune, travail, champion de beauté).

Présenter son bobtail en concours n'est pas de tout repos: cela nécessite un investissement en temps (plusieurs week-ends par an, longues journées à rester à côté de son bobtail enfermé en cage) et en argent (déplacements, hôtels, etc.).

Mais pour un éleveur-amateur qui désire améliorer la qualité physique, la résistance, la beauté et la compétence comportementale d'une race, c'est un passage obligatoire.

Votre bobtail devra alors apprendre à «poser» comme un professionnel. Il devra être brossé, peigné, toiletté, afin d'être sous son meilleur jour en face d'un public varié et nombreux. Un concours, c'est une présentation publique; votre bobtail doit être un acteur de qualité. Le juge examinera les chiens un à un, en statique et en mouvement. Mais comme le juge est humain, il aura ses préférences et ses antipathies.

Juges et éleveurs se connaissent; l'exposant amateur aura sans doute l'impression que les jeux sont faits d'avance, mais il n'en est rien. Apprenez les règles du jeu, et vous serez accepté dans le club des exposants.

Les qualificatifs et récompenses possibles:

- ❑ Assez Bon
- ❑ Bon
- ❑ Très Bon
- ❑ Excellent
- ❑ CACS (certificat d'aptitude au championnat de conformité au standard)
- ❑ CACIB (certificat d'aptitude au championnat international de beauté).

Dans certains pays, le chiot reçoit un certificat de naissance et il faudra obtenir une confirmation avant d'acquérir son pedigree, c'est-à-dire son inscription définitive dans le *livre des origines*. En France, un expert confirmateur nommé par la Société centrale canine réalise cet examen officiel.

L'obligation d'obtenir une confirmation n'est pas le cas partout; en Belgique et au Québec, le chiot reçoit son pedigree automatiquement si ses parents ont eux-même un pedigree et si la portée est enregistrée. En France, certaines races doivent subir un test d'aptitude naturelle (T.A.N.), pour lequel les chiens peuvent subir une préparation par leurs éleveurs ou des éducateurs; c'est dire que le T.A.N. n'apprécie pas seulement les aptitudes naturelles, mais aussi les qualifications acquises (comme l'absence de réaction émotionnelle au coup de feu).

Mot de la fin

Vous voilà parvenus à la fin de ce guide sur le bobtail.

C'est un guide et non une encyclopédie. J'ai choisi de vous donner de nombreux renseignements, des informations précieuses sur le comportement du chien afin de vous permettre de vivre une vie harmonieuse avec votre bobtail. J'ai dès lors limité les autres sujets à un exposé plus succinct.

Ce guide ne remplace ni le contact personnel avec un vétérinaire, ni l'information précieuse diffusée par les clubs de race. Communiquez avec l'un et l'autre.

Ce guide est unique en son genre: informations de qualité, clarté des textes, dialogue avec le lecteur, modernité de la présentation, facilité d'accès aux données, aisance des techniques d'éducation, etc. C'est un guide à parcourir plus d'une fois, à lire et relire.

Ce guide est perfectible, bien entendu. Pouvons-nous le parfaire ensemble? N'hésitez pas à m'écrire pour me communiquer votre expérience et vos connaissances, à m'envoyer des références, des informations.

J'ai aimé écrire ce livre à votre intention. J'espère que vous avez aimé le parcourir et qu'il sera votre compagnon dans la compréhension de votre bobtail.

Renseignements utiles

International

FCI, Fédération Cynologique Internationale, 14 rue Léopold II. B-6530 Thuin, Belgique, tél. +32 (71) 59.12.38, fax +32 (71) 59.22.29

WHAF (asbl - Animaux Handicapés), *World Animal Handicap Foundation*: Square Marie-Louise 40122, 1040 Bruxelles, tél.: +32 2.230.79.12, télécopieur: +32 2.230.53.68

Old English Sheepdog of America, tél.: 919-929-5996.

Belgique

Société royale Saint-Hubert, 25, avenue de l'Armée, 1040 Bruxelles, tél.: (02) 733.45.90, (02) 734.31.60.

Fichier Central du Tatouage, RNBITPC, tél.: (02) 673.52.30.

Fichier Central du Transpondage, ID-Chips, tél.: (02) 217.33.38.

British Sheepdog Club, E. Wijns, tél.03 664.85.86. Secrétariat: Madame M. Cornelis, rue des 3 Chênes 23, 4630 Ayeneux, tél. 041 58.52.20.

France

Société centrale canine, 175, avenue Jean-Jaurès, 93535 Aubervilliers Cedex, tél.: (1) 49.37.54.00 (standard), (1) 49.37.54.90 (banque de données), (1) 49.37.54.54 (fichier central du tatouage).

Bobtail Club Français, 9 rue du Bateau, 80110 Hailles, tél. 22.34.03.03.

Club du bobtail de France, 55, rue Traversière, 75012 Paris, tél.: (1) 43.07.81.46, (1) 43.41.80.49. Présidente: Mme Jacqueline Brestecher. Secrétaire générale: Mme Paule Étienne, 22, cours Joseph-Thierry, 13001 Marseille.

Québec, Canada

Joanne et Bernard Charest, Élevage Bagatelle, 100, rang des 60, Sainte-Marie-de-Monnoir, Québec, J3M 1N9, tél.: (514) 460-3469.

Old English Sheepdog and Owners Club of Canada, boîte postale 122, Morin-Heights, Québec, J0R 1H0, tél.: (514) 226-2237.

Canadian Kennel Club, 100-89 Skyway avenue, Etobicoke, Ontario M9V 6R4, tél. (416) 675-5511, télécopieur (416) 675-6506.

Société canine de Québec Inc. Secrétaire: Line Dupont, 2334 St-Clément, Beauport, PQ G1E 3W8 (416-661-9131).

Suisse

Société Cynologique Suisse, Langgassstrasse 8, Case Postale 8217, 3001 Berne, tél. (+41) 31.301.58.19, fax (+41) 31 302.02.15.

Bobtail-Club der Schweiz, président: Müller-Mächler Marlics, Schwarzackerstrasse 42, 8887 Mels, 085/24755. Secrétariat: Sguaitamatti Philippe, Bernstrasse 13, 3422 Alchenflüh.

De nombreuses associations existent en Suisse: Fédération romande de cynologie (FRC), Association valaisanne de cynologie, Amicale vaudoise de cynologie, Association fribourgeoise des clubs cynologiques, Association genevoise de cynologie, Amicale jurassienne de cynologie, Groupement cantonal neuchâtelois des sociétés cynologiques et groupe de dressage.

Vétérinaire:

D^r: ....

Téléphone: ....

Adresse: ....

D^r: ....

Téléphone: ....

Adresse: ....

D^r: ....

Téléphone: ....

Adresse: ....

Sceau du vétérinaire

Centre antipoison local:

Téléphone: ....

Index

Table des matières

LES ÉDITIONS DE L'HOMME

Ouvrages parus aux Éditions de l'Homme

Affaires et vie pratique

* **1001 prénoms, leur origine, leur signification,** Jeanne Grisé-Allard
100 stratégies pour doubler vos ventes, Robert L. Riker
* **Acheter et vendre sa maison ou son condominium,** Lucille Brisebois
* **Acheter une franchise,** Pierre Levasseur
* **Les assemblées délibérantes,** Francine Girard
* **La bourse,** Mark C. Brown
* **Le chasse-insectes dans la maison,** Odile Michaud
* **Le chasse-insectes pour jardins,** Odile Michaud
* **Le chasse-taches,** Jack Cassimatis
* **Choix de carrières — Après le collégial professionnel,** Guy Milot
* **Choix de carrières — Après le secondaire V,** Guy Milot
* **Choix de carrières — Après l'université,** Guy Milot
* **Comment cultiver un jardin potager,** Jean-Claude Trait
Comment rédiger son curriculum vitæ, Julie Brazeau
* **Comprendre le marketing,** Pierre Levasseur
La couture de A à Z, Rita Simard
Des pierres à faire rêver, Lucie Larose
* **Des souhaits à la carte,** Clément Fontaine
* **Devenir exportateur,** Pierre Levasseur
* **L'entretien de votre maison,** Consumer Reports Books
* **L'étiquette des affaires,** Elena Jankovic
* **Faire son testament soi-même,** Me Gérald Poirier et Martine Nadeau Lescault
* **Les finances,** Laurie H. Hutzler
* **Gérer ses ressources humaines,** Pierre Levasseur
La graphologie, Claude Santoy
* **Le guide de l'auto 95,** J. Duval, D. Duquet et M. Lachapelle
* **Le guide des bars de Montréal 93,** Lili Gulliver
* **Guide des fleurs pour les jardins du Québec,** Benoit Prieur
* **Le guide des plantes d'intérieur,** Coen Gelein
* **Guide des plantes pour la maison,** Benoit Prieur
* **Guide du jardinage et de l'aménagement paysager au Québec,** Benoit Prieur
* **Le guide du vin 95,** Michel Phaneuf
* **Guide gourmand 1995 - les bons restaurants de Montréal,** Josée Blanchette
Guide pratique des vins de France, Jacques Orhon
Guide pratique des vins d'Italie, Jacques Orhon
* **J'aime les azalées,** Josée Deschênes
* **J'aime les bulbes d'été,** Sylvie Regimbal
J'aime les cactées, Claude Lamarche
* **J'aime les conifères,** Jacques Lafrenière
* **J'aime les petits fruits rouges,** Victor Berti
J'aime les rosiers, René Pronovost
* **J'aime les tomates,** Victor Berti
* **J'aime les violettes africaines,** Robert Davidson
J'apprends l'anglais..., Gino Silicani et Jeanne Grisé-Allard
Le jardin d'herbes, John Prenis
* **Lancer son entreprise,** Pierre Levasseur
* **Le leadership,** James J. Cribbin
* **La loi et vos droits,** Me Paul-Émile Marchand
* **Le meeting,** Gary Holland
* **Mieux comprendre sa vie de travail,** Claude Poirier et Nicole Gravel
* **Mon automobile,** Gouvernement du Québec et Collège Marie-Victorin
* **Nouveaux profils de carrière,** Claire Landry
L'orthographe en un clin d'œil, Jacques Laurin
* **Ouvrir et gérer un commerce de détail,** C. D. Roberge et A. Charbonneau
* **Le patron,** Cheryl Reimold

* **La planification fiscale étape par étape,** Diane Blais et Michel Lanteigne
* **Prévoir les belles années de la retraite,** Michael Gordon
  Le rapport Popcorn, Faith Popcorn
  Les relations publiques, Richard Doin et Daniel Lamarre
* **Les secrets d'une succession sans chicane,** Justin Dugal
  La taxidermie moderne, Jean Labrie
* **Les techniques de jardinage,** Paul Pouliot
  Techniques de vente par téléphone, James D. Porterfield
* **Tests d'aptitude pour mieux choisir sa carrière,** Linda et Barry Gale
* **Tout ce que vous devez savoir sur le condominium,** Robert Dubois
  Une carrière sur mesure, Denise Lemyre-Desautels
  L'univers de l'astronomie, Robert Tocquet
  La vente, Tom Hopkins

Plein air, sports, loisirs

* **30 ans de photos de hockey,** Denis Brodeur
* **L'ABC du bridge,** Frank Stewart et Randall Baron
* **Almanach chasse et pêche 93,** Alain Demers
* **Apprenez à patiner,** Gaston Marcotte
  L'arc et la chasse, Greg Guardo
* **Les armes de chasse,** Charles Petit-Martinon
  L'art du pliage du papier, Robert Harbin
  La basse sans professeur, Laurence Canty
  La batterie sans professeur, James Blades et Johnny Dean
  Le bridge, Viviane Beaulieu
  Carte et boussole, Björn Kjellström
  Le chant sans professeur, Graham Hewitt
* **Charlevoix,** Mia et Klaus
  La clarinette sans professeur, John Robert Brown
  Le clavier électronique sans professeur, Roger Evans
  Le golf après 50 ans, Jacques Barrette et Dr Pierre Lacoste
* **Les clés du scrabble,** Pierre-André Sigal et Michel Raineri
* **Comment vivre dans la nature,** Bill Rivière et l'équipe de L. L. Bean
  Le conditionnement physique, Richard Chevalier, Serge Laferrière et Yves Bergeron
* **Construire des cabanes d'oiseaux,** André Dion
  Corrigez vos défauts au golf, Yves Bergeron
  Culture hydroponique, Richard E. Nicholls
* **Le curling,** Ed Lukowich
* **De la hanche aux doigts de pieds — Guide santé pour l'athlète,** M. J. Schneider et M. D. Sussman
  Le dictionnaire des bruits, Jean-Claude Trait et Yvon Dulude
* **Les éphémères du pêcheur québécois,** Yvon Dulude
* **Exceller au baseball,** Dick Walker
* **Exceller au football,** James Allen
* **Exceller au softball,** Dick Walker
* **Exceller au tennis,** Charles Bracken
* **Exceller en natation,** Gene Dabney
  La flûte à bec sans professeur, Alain Bergeron
  La flûte traversière sans professeur, Howard Harrison
  Le golf au féminin, Yves Bergeron et André Maltais
  Le grand livre des sports, Le groupe Diagram
  Les grands du hockey, Denis Brodeur
  Le guide complet du judo, Louis Arpin
  Le guide complet du self-defense, Louis Arpin
* **Le guide de la chasse,** Jean Pagé
* **Le guide de l'alpinisme,** Massimo Cappon
* **Le guide de la pêche au Québec,** Jean Pagé
* **Le guide des auberges et relais de campagne du Québec,** François Trépanier
* **Guide des jeux scouts,** Association des Scouts du Canada
  Le guide de survie de l'armée américaine, Collectif
* **Guide de survie en forêt canadienne,** Jean-Georges Desheneaux
  Guide d'orientation avec carte et boussole, Paul Jacob
  La guitare, Peter Collins
  La guitare électrique sans professeur, Robert Rioux
  La guitare sans professeur, Roger Evans

* **Les Îles-de-la-Madeleine,** Mia et Klaus
* **J'apprends à nager,** Régent la Coursière
* **Le Jardin botanique,** Mia et Klaus
* **Je me débrouille à la chasse,** Gilles Richard
* **Je me débrouille à la pêche,** Serge Vincent
* **Jeux pour rire et s'amuser en société,** Claudette Contant

Jouons au scrabble, Philippe Guérin
Le karaté Koshiki, Collectif
Le karaté Kyokushin, André Gilbert
Le livre des patiences, Maria Bezanovska et Paul Kitchevats
* **Manon Rhéaume,** Chantal Gilbert
Manuel de pilotage, Transport Canada
Le manuel du monteur de mouches, Mike Dawes
Le marathon pour tous, Pierre Anctil, Daniel Bégin et Patrick Montuoro
* **Mario Lemieux,** Lawrence Martin
La médecine sportive, Dr Gabe Mirkin et Marshall Hoffman
* **La musculation pour tous,** Serge Laferrière
* **La nature en hiver,** Donald W. Stokes
* **Nos oiseaux en péril,** André Dion
* **Les papillons du Québec,** Christian Veilleux et Bernard Prévost
* **Partons en camping!,** Archie Satterfield et Eddie Bauer
* **Les passes au hockey,** Claude Chapleau, Pierre Frigon et Gaston Marcotte
Le piano jazz sans professeur, Bob Kail
Le piano sans professeur, Roger Evans
La planche à voile, Gérald Maillefer
La plongée sous-marine, Richard Charron
* **Les Québécois à Lillehammer,** Bernard Brault et Michel Marois
* **Racquetball,** Jean Corbeil
* **Racquetball plus,** Jean Corbeil
* **Rivières et lacs canotables du Québec,** Fédération québécoise du canot-camping
S'améliorer au tennis, Richard Chevalier
* **Le saumon,** Jean-Paul Dubé
Le saxophone sans professeur, John Robert Brown
* **Le scrabble,** Daniel Gallez
* **Les secrets du baseball,** Jacques Doucet et Claude Raymond
Les secrets du blackjack, Yvan Courchesne
La découverte de l'Amérique, Timothy Jacobson
Le solfège sans professeur, Roger Evans
* **Sylvie Fréchette,** Lilianne Lacroix
La technique du ski alpin, Stu Campbell et Max Lundberg
Techniques du billard, Robert Pouliot
* **Le tennis,** Denis Roch
* **Le tissage,** Germaine Galerneau et Jeanne Grisé-Allard
Tous les secrets du golf selon Arnold Palmer, Arnold Palmer
La trompette sans professeur, Digby Fairweather
* **Les vacances en famille: comment s'en sortir vivant,** Erma Bombeck
Le violon sans professeur, Max Jaffa
* **Le vitrail,** Claude Bettinger
Voir plus clair aux échecs, Henri Tranquille et Louis Morin
Le volley-ball, Fédération de volley-ball

Psychologie, vie affective, vie professionnelle, sexualité

20 minutes de répit, Ernest Lawrence Rossi et David Nimmons
* **Adieu Québec,** André Bureau
À dix kilos du bonheur, Danielle Bourque
L'adultère est un péché qu'on pardonne, Bonnie Eaker Weil et Ruth Winter
* **Aider mon patron à m'aider,** Eugène Houde
Aimer et se le dire, Jacques Salomé et Sylvie Galland
À la découverte de mon corps — Guide pour les adolescentes, Lynda Madaras
À la découverte de mon corps — Guide pour les adolescents, Lynda Madaras
L'amour comme solution, Susan Jeffers
* **L'amour, de l'exigence à la préférence,** Lucien Auger
Les années clés de mon enfant, Frank et Theresa Caplan

Apprendre à dire non, Marcelle Lamarche et Pol Danheux
* **Apprendre à lire et à écrire au primaire,** René Bélanger
Apprivoiser l'ennemi intérieur, Dr George R. Bach et Laura Torbet
L'approche émotivo-rationnelle, Albert Ellis et Robert A. Harper
L'art de l'allaitement maternel, Ligue internationale La Leche
L'art de parler en public, Ed Woblmuth
L'art d'être parents, Dr Benjamin Spock
L'autodéveloppement, Jean Garneau et Michelle Larivey
* **Avoir un enfant après 35 ans,** Isabelle Robert
Balance en amour, Linda Goodman
Bélier en amour, Linda Goodman
Bientôt maman, Janet Whalley, Penny Simkin et Ann Keppler
* **Le bonheur au travail,** Alan Carson et Robert Dunlop
Cancer en amour, Linda Goodman
Capricorne en amour, Linda Goodman
* **Ces hommes qui méprisent les femmes... et les femmes qui les aiment,** Dr Susan Forward et Joan Torres
Ces hommes qui ne peuvent être fidèles, Carol Botwin
Ces visages qui en disent long, Jeanne-Élise Alazard
Changer en douceur, Alain Rochon
Changer ensemble — Les étapes du couple, Susan M. Campbell
Chère solitude, Jeffrey Kottler
Le cœur en écharpe, Stephen Gullo et Connie Church
Comment aider mon enfant à ne pas décrocher, Lucien Auger
Comment communiquer avec votre adolescent, E. Weinhaus et K. Friedman
Comment déborder d'énergie, Jean-Paul Simard
Comment faire l'amour sans danger, Diane Richardson
Comment garder son homme, Alexandra Penney
* **Comment parler en public,** S. Barrat et C. H. Godefroy
Comment s'amuser à séduire l'autre, Lili Gulliver
Le complexe de Casanova, Peter Trachtenberg
* **Comprendre et interpréter vos rêves,** Michel Devivier et Corinne Léonard
Découvrez votre quotient intellectuel, Victor Serebriakoff
Découvrir un sens à sa vie avec la logothérapie, Viktor E. Frankl
Le défi de vieillir, Hubert de Ravinel
* **De ma tête à mon cœur,** Micheline Lacasse
La deuxième année de mon enfant, Frank et Theresa Caplan
* **Dieu ne joue pas aux dés,** Henri Laborit
Les douze premiers mois de mon enfant, Frank Caplan
Dynamique des groupes, Jean-Marie Aubry
En attendant notre enfant, Yvette Pratte Marchessault
* **Les enfants de l'autre,** Erna Paris
Les enfants de l'indifférence, Andrée Ruffo
* **L'enfant unique — Enfant équilibré, parents heureux,** Ellen Peck
* **L'esprit du grenier,** Henri Laborit
Êtes-vous faits l'un pour l'autre?, Ellen Lederman
* **L'étonnant nouveau-né,** Marshall H. Klaus et Phyllis H. Klaus
Être soi-même, Dorothy Corkille Briggs
* **Évoluer avec ses enfants,** Pierre-Paul Gagné
Exceller sous pression, Saul Miller
* **Exercices aquatiques pour les futures mamans,** Joanne Dussault et Claudia Demers
La femme indispensable, Ellen Sue Stern
Finies les phobies!, Dr Manuel D. Zane et Harry Milt
La force intérieure, J. Ensign Addington
Gémeaux en amour, Linda Goodman
* **Le grand manuel des cristaux,** Ursula Markham
La graphologie au service de votre vie intime et professionnelle, Claude Santoy
Guérir des autres, Albert Glaude
Le guide du succès, Tom Hopkins
L'histoire merveilleuse de la naissance, Jocelyne Robert
L'horoscope chinois 1995, Neil Somerville
Les initiales du bonheur, Ronald Royer
L'intuition, Philip Goldberg
* **J'aime,** Yves Saint-Arnaud
J'ai rendez-vous avec moi, Micheline Lacasse
Je crois en moi et je vais mieux!, Christ Zois et Patricia Fogarty

* **Le journal intime intensif,** Ira Progoff
Le langage du corps, Julius Fast
Lion en amour, Linda Goodman
Le mal des mots, Denise Thériault
Ma sexualité de 0 à 6 ans, Jocelyne Robert
Ma sexualité de 6 à 9 ans, Jocelyne Robert
Ma sexualité de 9 à 12 ans, Jocelyne Robert
La méditation transcendantale, Jack Forem
Le mensonge amoureux, Robert Blondin
* **Mon enfant naîtra-t-il en bonne santé?,** Jonathan Scher et Carol Dix
Parle-moi... j'ai des choses à te dire, Jacques Salomé
Parlez-leur d'amour, Jocelyne Robert
Parlez pour qu'on vous écoute, Michèle Brien
Pas de panique!, Dr R. Reid Wilson
* **Penser heureux — La conquête du bonheur, image par image,** Lucien Auger
Père manquant, fils manqué, Guy Corneau
Les peurs infantiles, Dr John Pearce
* **Les plaisirs du stress,** Dr Peter G. Hanson
Poissons en amour, Linda Goodman
Pourquoi l'autre et pas moi? — Le droit à la jalousie, Dr Louise Auger
Préparez votre enfant à l'école dès l'âge de 2 ans, Louise Doyon
* **Prévenir et surmonter la déprime,** Lucien Auger
Le principe de Peter, L. J. Peter et R. Hull
Psychologie de l'enfant de 0 à 10 ans, Françoise Cholette-Pérusse
* **La puberté,** Angela Hines
La puissance de la vie positive, Norman Vincent Peale
La puissance de l'intention, Richard J. Leider
La réponse est en moi, Micheline Lacasse
Rompre pour de bon!, Joyce L. Vedral
S'affirmer et communiquer, Jean-Marie Boisvert et Madeleine Beaudry
S'aider soi-même davantage, Lucien Auger
Sagittaire en amour, Linda Goodman
Scorpion en amour, Linda Goodman
Se comprendre soi-même par des tests, Collaboration
Se connaître soi-même, Gérard Artaud
Secrets d'alcôve, Iris et Steven Finz
Les secrets de la flexibilité, Priscilla Donovan et Jacquelyn Wonder
Les secrets de l'astrologie chinoise ou le parfait bonheur, André H. Lemoine
* **Se guérir de la sottise,** Lucien Auger
S'entraider, Jacques Limoges
* **La sexualité du jeune adolescent,** Dr Lionel Gendron
Si je m'écoutais je m'entendrais, Jacques Salomé et Sylvie Galland
* **Superlady du sexe,** Susan C. Bakos
Survivre au divorce, Dr Allan J. Adler et Christine Archambault
* **Le syndrome de la fatigue chronique,** Edmund Blair Bolles
Le syndrome de la corde au cou, Sonya Rhodes et Marlin S. Potash
Taureau en amour, Linda Goodman
Tics et problèmes de tension musculaire, Kieron O'Connor et Danielle Gareau
Tout se joue avant la maternelle, Masaru Ibuka
Transformer ses faiblesses en forces, Dr Harold Bloomfield
* **Travailler devant un écran,** Dr Helen Feeley
* **Un monde insolite,** Frank Edwards
* **Un second souffle,** Diane Hébert
Verseau en amour, Linda Goodman
* **La vie antérieure,** Henri Laborit
Vierge en amour, Linda Goodman
Vivre avec un cardiaque, Rhoda F. Levin
Vos enfants consomment-ils des drogues?, Steve Carper et Timothy Dimoff
Vouloir c'est pouvoir, Raymond Hull

Santé, beauté

Alzheimer — Le long crépuscule, Donna Cohen et Carl Eisdorfer
L'arthrite, Dr Michael Reed Gach

Bientôt maman, Penny Simkin, Janet Whalley et Ann Keppler
Le cancer du sein, Dr Carol Fabian et Andrea Warren
* **Comment arrêter de fumer pour de bon,** Kieron O'Connor, Robert Langlois et Yves Lamontagne
De belles jambes à tout âge, Dr Guylaine Lanctôt
Dormez comme un enfant, John Selby
Dos fort bon dos, David Imrie et Lu Barbuto
* **Être belle pour la vie,** Bronwen Meredith
* **Le guide complet des cheveux,** Philip Kingsley
L'hystérectomie, Suzanne Alix
L'impuissance, Dr Pierre Alarie et Dr Richard Villeneuve
Initiation au shiatsu, Yuki Rioux
* **Maigrir: la fin de l'obsession,** Susie Orbach
* **Le manuel Johnson & Johnson des premiers soins,** Dr Stephen Rosenberg
* **Les maux de tête chroniques,** Antonia Van Der Meer
Maux de tête et migraines, Dr Jacques P. Meloche et J. Dorion
Mince alors… finis les régimes!, Debra Waterhouse
* **Mini-massages,** Jack Hofer
Perdez du poids… pas le sourire, Dr Senninger
Perdre son ventre en 30 jours, Nancy Burstein
* **Principe de la technique respiratoire,** Julie Lefrançois
* **Programme XBX de l'aviation royale du Canada,** Collectif
Renforcez votre immunité, Bruno Comby
Le rhume des foins, Roger Newman Turner
Ronfleurs, réveillez-vous!, Jocelyne Delage et Jacques Piché
Savoir relaxer — Pour combattre le stress, Dr Edmund Jacobson
* **Soignez vos pieds,** Dr Glenn Copeland et Stan Solomon
Le supermassage minute, Gordon Inkeles
Vivre avec l'alcool, Louise Nadeau

le jour, éditeur

Ouvrages parus au Jour

Ésotérisme, santé, spiritualité

L'astrologie pratique, Wofgang Reinicke
Couper du bois, porter de l'eau — Comment donner une dimension spirituelle à la vie de tous les jours, Collectif
De l'autre côté du miroir, Johanne Hamel
Les enfants asthmatiques, Dr Guy Falardeau
Le grand livre de la cartomancie, Gerhard von Lentner
Grand livre des horoscopes chinois, Theodora Lau
Jeûner pour sa santé, Nicole Boudreau
* **Pour en finir avec l'hystérectomie,** Dr Vicki Hufnagel et Susan K. Golant
Pouvoir analyser ses rêves, Robert Bosnak
Le pouvoir de l'auto-hypnose, Stanley Fisher
Questions réponses sur la maladie d'Alzheimer, Dr Denis Gauvreau et Dr Marie Gendron
Questions réponses sur la ménopause, Ruth S. Jacobowitz
Renaître, Billy Graham
Sagesse amérindienne, Dhyani Ywahoo

Psychologie, vie affective, vie professionnelle, sexualité

L'accompagnement au soir de la vie, Andrée Gauvin et Roger Régnier
Adieu, Dr Howard M. Halpern
Adieu la rancune, James L. Creighton
L'agressivité créatrice, Dr George R. Bach et Dr Herb Goldberg
Aimer, c'est choisir d'être heureux, Barry Neil Kaufman

Aimer son prochain comme soi-même, Joseph Murphy
L'amour lucide, Gay Hendricks et Kathlyn Hendricks
L'amour obession, Dr Susan Foward
Apprendre à vivre et à aimer, Léo Buscaglia
Arrête! tu m'exaspères — Protéger son territoire, Dr George Bach et Ronald Deutsch
L'art d'engager la conversation et de se faire des amis, Don Gabor
L'art de vivre heureux, Josef Kirschner
Augmentez la puissance de votre cerveau, A. Winter et R. Winter
L'autosabotage, Michel Kuc
La beauté de Psyché, James Hillman
Bien vivre ensemble, Dr William Nagler et Anne Androff
Le bonheur, c'est un choix, Barry Neil Kaufman
Le burnout, Collectif
Célibataire et heureux!, Vera Peiffer
Ces hommes qui ne communiquent pas, Steven Naifeh et Gregory White Smith
C'est pas la faute des mère!, Paula J. Caplan
Ces vérités vont changer votre vie, Joseph Murphy
Comment acquérir assurance et audace, Jean Brun
* **Comment aimer vivre seul,** Lynn Shanan
Comment apprendre l'autodiscipline aux enfants, Thomas Gordon
Comment décrocher, Barbara Mackoff
Comment faire l'amour à la même personne pour le reste de votre vie, Dagmar O'Connor
Comment faire l'amour à une femme, Michael Morgenstern
Comment faire l'amour à un homme, Alexandra Penney
Comment faire l'amour ensemble, Alexandra Penney
Comment peut-on pardonner?, Robin Casarjian
Communication efficace, Linda Adams
Le courage de créer, Rollo May
Créez votre vie, Jean-François Decker
Le défi de l'amour, John Bradshaw
Dire oui à l'amour, Léo Buscaglia
Dominez les émotions qui vous détruisent, Dr Robert Langs
Dominez vos peurs, Vera Peiffer
La dynamique mentale, Christian H. Godefroy
Éloïse, poste restante, Loïse Lavallée
Les enfants dictateurs, Fred G. Gosman
Les enfants hyperactifs et lunatiques, Dr Guy Falardeau
L'éveil de votre puissance intérieure, Anthony Robins
* **Exit final — Pour une mort dans la dignité,** Derek Humphry
Faites la paix avec votre belle-famille, P. Bilofsky et F. Sacharow
Focusing au centre de soi, Dr Eugene T. Gendling
La famille, John Bradshaw
* **La famille moderne et son avenir,** Lyn Richards
La fille de son père, Linda Schierse Leonard
La Gestalt, Erving et Miriam Polster
Le grand voyage, Tom Harpur
L'héritage spirituel d'une enfance difficile, Josef Kirschner
L'homme sans masque, Herb Goldberg
L'influence de la couleur, Betty Wood
Je ne peux pas m'arrêter de pleurer, John D. Martin et Frank D. Ferris
Lâcher prise, Guy Finley
* **Maîtriser son destin,** Josef Kirschner
* **Les manipulateurs,** E. L. Shostrom et D. Montgomery
Messieurs, que seriez-vous sans nous?, C. Benard et E. Schlaffer
Mieux vivre avec nos adolescents, Richard Cloutier
Le miracle de votre esprit, Dr Joseph Murphy
Née pour se taire, Dana Crowley Jack
* **Nos crimes imaginaires,** Lewis Engel et Tom Ferguson
Nouvelles relations entre hommes et femmes, Herb Goldberg
Option vérité, Will Schutz
L'oracle de votre subconscient, Dr Joseph Murphy
Parents au pouvoir, John Rosemond
Parlez pour qu'on vous écoute, Michèle Brien
Paroles de jeunes, Barry Neil Kaufman
La passion de grandir, Muriel et John James

* **La personnalité,** Léo Buscaglia
Le pouvoir créateur de la colère, Harriet Goldhor Lerner
Le pouvoir de la motivation intérieure, Shad Helmstetter
La puissance de la pensée positive, Norman Vincent Peale
La puissance de votre subconscient, Dr Joseph Murphy
* **Quand l'amour ne va plus,** Ann Jones et Susan Schechter
Quand on peut on veut, Lynne Bernfield
* **La rage au cœur,** Martine Langelier
Rebelles, de mère en fille, Linda Schierse Leonard
Réfléchissez et devenez riche, Napoleon Hill
Retrouver l'enfant en soi, John Bradshaw
S'affirmer — Savoir prendre sa place, R. E. Alberti et M. L. Emmons
S'affranchir de la honte, John Bradshaw
La sagesse du cœur, Karen A. Signell
S'aimer ou le défi des relations humaines, Léo Buscaglia
S'aimer sans se fuir, Roy F. Baumeister
Savoir quand quitter, Jack Barranger
Secrets de famille, Harriet Webster
Les secrets de la communication, Richard Bandler et John Grinder
Se faire obéir des enfants sans frapper et sans crier, B. Unell et J. Wyckoff
Seuls ensemble, Dan Kiley
La sexualité des jeunes, Dr Guy Falardeau
Le succès par la pensée constructive, Napoleon Hill
La survie du couple, John Wright
Tous les hommes le font, Michel Dorais
Transformez vos faiblesses, Dr Harold Bloomfield
Triomphez de vous-même et des autres, Dr Joseph Murphy
* **Trop peu de sexe... trop peu d'amour,** Jonathan Kramer et Diane Dunaway
* **Un homme au dessert,** Sonya Friedman
* **Uniques au monde!,** Jeanette Biondi
Vivre à deux aujourd'hui, Collectif sous la direction de Roger Tessier
Vivre avec les imperfections de l'autre, Dr Louis H. Janda
Vivre avec passion, David Gershon et Gail Straub
Les voies de l'émerveillement, Guy Finley
Volez de vos propres ailes, Howard M. Halpern
Votre corps vous parle, écoutez-le, Henry G. Tietze
Vouloir vivre, Andrée Gauvin et Roger Régnier
Vous êtes vraiment trop bonne..., Claudia Bepko et Jo-Ann Krestan

---

* Pour l'Amérique du Nord seulement. (940620)